何志均老师

纪念文集

《何志均老师纪念文集》编委会 编

ZHEJIANG UNIVERSITY PRESS
浙江大学出版社

图书在版编目（CIP）数据

何志均老师纪念文集 / 《何志均老师纪念文集》编
委会编． — 杭州：浙江大学出版社，2018.10
　　ISBN 978-7-308-18711-4

　　Ⅰ．①何… Ⅱ．①何… Ⅲ．①何志均(1923-2016)
—纪念文集 Ⅳ．①K826.11-53

　　中国版本图书馆CIP数据核字（2018）第228645号

何志均老师纪念文集

《何志均老师纪念文集》编委会　编

责任编辑	吴昌雷　黄娟琴
责任校对	刘序雯
封面设计	续设计
出版发行	浙江大学出版社
	（杭州市天目山路148号　　邮政编码　310007）
	（网址：http://www.zjupress.com）
排　　版	杭州林智广告有限公司
印　　刷	浙江海虹彩色印务有限公司
开　　本	787mm×1092mm　1/16
印　　张	12.5
字　　数	169千
版 印 次	2018年10月第1版　2018年10月第1次印刷
书　　号	ISBN 978-7-308-18711-4
定　　价	80.00元

序

何志均老师离开我们已经两年多了。他的音容笑貌，宛在眼前。值此先生创立的浙江大学计算机系 40 年华诞之际，何老师遍布海内外的学生晚辈和同仁挚友纷纷撰文，感念师恩、述说情谊、仰怀风范、纪念先贤。披读这些文章，使我们再次感受：先生之道德如三秋明月；先生之学识如万里长江！

何老师 93 年的人生，丰富多彩，新意迭出。他在抗战烽火中辗转浙江龙泉、贵州遵义，追随浙大求学，许下报国之志，克服艰苦的条件，出色地完成了学业。杭州光复后他回到浙大，开启逾 60 年的教学生涯。他创建了浙大的两个系和多个方向，培育桃李满园；年过古稀仍然心系科技创新实践，致力产业国际合作；九十高龄捐出巨资设立公益基金，福泽社会。今天，我们回望何老师一生的足迹与功业，深感他践行了其青春时的人生目标，把全部的智慧和汗水都奉献给了中国人民的繁荣富强。先生的人生，大志如虹。

在浙大的半个多世纪里，人们常常惊叹于先生把握学科方向的高瞻远瞩。他以其丰富的知识和经历、广博的视野和敏锐的洞察力，追踪国际创新前沿，以不竭的创新创业精神，先后创办浙大的无线电系和计算机系，为中国培养了数以千计的电子学和计算机高级人才。尤其早在 1978 年"文革"

后首批招收研究生时，他便定下了人工智能研究方向。今天，我们看到了业界 AI 的滚滚洪流，对先生的远见卓识，实在钦佩而感激！

读者在这本文集中能更多领略的还有先生关爱弟子、提携后学、与同道交流来往的一个个动人故事，字里行间流淌着作者们绵绵不尽的感怀之情。我随先生三十余年，深知先生待学生以慈爱；治所系以和顺；处同事以仁厚，使人如沐春风，久而醉矣！由此，我深刻地感悟到，何老师之所以收获如许尊敬与感动，正源于他不懈的创新、非凡的学识和深厚的人格魅力，堪为今日为人师者之镜鉴与楷模。

在他的晚年，何老师心之所念，仍是社会上最需要帮助的人群。老师和师母薛艳庄教授一起捐出多年的积蓄 500 万元，设立公益基金，用以资助外来务工家庭的孩子和优秀的在校贫困生。何老师和师母坚持不用自己的名字命名基金会，而名之曰"云惠"，寓意"仁人云集，惠风和畅"。两位先生如此境界，令人仰之弥高。

古人云："与善人居，如入兰芷之室，久而不闻其香，则与之化矣。"（汉，刘向《说苑》）我相信，何志均老师的精神将永存于浙大计算机学院，将激励我们在科学创新的道路上团结奋斗，砥砺前行，创造更加辉煌的成绩。

潘云鹤

2018 年 10 月

目录

第一部分

何志均老师生平介绍

何志均老师生平介绍

何志均（1923—2016），计算机科学家，教育家，在浙江大学教学第一线从事教学工作逾 60 年，先后创建了无线电系和计算机系，为国家培养了数以千计的电子学和计算机高级人才，引领了中国的人工智能、计算机图形学、计算机辅助设计诸学科的发展，功绩卓著。

　　何志均，1923 年 5 月出生于上海一个清贫的知识分子家庭。父亲大学肄业，有较好的中、英文基础，先后在上海多家公司、商行任职员。母亲上过中学，年轻时担任过几年家庭教师。何志均于 1928 年入读上海万竹小学。1932 年日军侵犯上海，何志均随家避居租界，只得休学在家，其间读了许多书，包括《三国演义》《水浒传》等古今小说和一些常识书本。他复学时，语文、算术成绩一直到毕业都保持在全班前两名，特别是自然和史地常识。在上海万竹小学举行的知识统考中，四年级的他考出六年级的水平。1935 年，何志均进入上海中华职业学校商科初中。初三时他接触到平面几何课，为它的逻辑构架和推理的严密所吸引，于是脱离了课堂的进度，进行自学，不到一学期就学完了全书；在初三余下的时间里，他学完了高中全部数学课程——平面三角、立体几何、代数和解析几何。1937 年，日军大举侵犯上海，他父亲生病失业，全家迁回原籍余姚乡下，留下何志均独自寄宿于上海舅父家。1938 年，他进入上海大公职业学校高中机械科，在高中一年级，他课外自学了大学理工科微积分和微分方程两门课程的英文版课本，并都顺利地做完了习题。在高二、高三，他继续自学大学的普通物理、高等代数和高等微积分等。1941年毕业后又进入上海工业专科学校电机系，就读仅半年，日军偷袭珍珠港，并占领上海租界。上海工业专科学校不愿受日伪管制自行停办，何志均由上海交通大学理学院院长裘维裕教授介绍到浙南龙泉的浙江大学龙泉分校继续就读电机系。当时龙泉流行疟疾，生活极为艰苦，微薄的贷学金只够他勉强吃饭。由于龙泉分校当时只办到二年级，他于1943年夏转到当时在贵州遵义的浙江大学电机系电讯组继续读三年级。他利用浙江大学藏书尚为丰富的图书馆，自学了德国理论物理和电动力学的课本。王国松、钱钟韩、蔡金涛等名师讲课各有风格，何志均受益匪浅。何志均回忆起青少年时代的学习，还是愉快的。

1945年夏，何志均在浙江大学以电机系电讯组的第一名毕业，到昆明中央无线电厂担任甲种实习员，半年后应聘回校，在电机系任助教，开始了在浙江大学逾60年的教学生涯。

在教育事业上，何志均白手起家创建了浙江大学无线电系和计算机系两个新系，使之在短短数年内达到国内较高水准。他参与一线教学工作逾60年，为国家培养了数以千计的高级人才。

1952年，浙江大学被调整为单纯工科大学，翌年把素负盛名的浙江大学电机系电讯组连同师生调整出去。何志均作为青年教学骨干留在浙江大学电机系，担任电工理论基础课主讲，并兼任系教学秘书3年，1956年受浙江大学任命兼任新成立的"科学研究科"第一任科长，协助科研副校长推动全校科学研究。虽然行政工作繁忙，但他仍承担了超过专职教师工作量的教学任务，讲授理论上有很大跳跃性的苏联教材。由于他具有深厚的理科基础，讲课被学生赞为"概括精炼、逻辑性强"；同时又开出新课工业电子学、高电压工程、计算装置，有时一天连上3

门课 6 小时，依然是"生龙活虎"。

1956 年，我国注意到自身在电子学、半导体、计算机、原子能等国际新技术领域的空白，规划追赶。1957 年年初，浙江大学电机系筹建无线电技术专业，何志均提出立即成立一个"先行班"的方案，通过"先行班"开展各个教学环节，包括新课、新实验的开设与摸索。1958 年夏，"先行班"学员毕业，国家根据急需，把大部分毕业生分配到全国重要单位。何志均又从电机系三年级的优秀学生中挑选了 10 名左右提前毕业作为助教。他还动员电机系青年骨干教师阙端麟、姚庆栋、周文、陈启秀共同改行，在电机系内再办起电真空、半导体、自动远动等专业，并立即招生，完成了无线电系的构架。最终于 1960 年从电机系独立出来，正式成为无线电工程系，由何志均担任系主任，并兼任无线电专业教研室主任，这些青年骨干分别担任其他专业教研室主任。浙江大学新建的无线电系在何志均与同仁的努力下，到了 1966 年，已赶上全国较早成立无线电系的学校的水平，培养出近千名优秀的专业人才。

1973 年，何志均受命创办计算机专业，让有限的教师加上由学校分配来的十多位刚毕业的本科生，参与专业教学辅导，在工作中对其进行培养，若干年之后，他们都成为专业骨干。1978 年，计算机专业独立成系，何志均出任系主任。1984 年至 1988 年，何志均担任计算机系学术委员会主任。1981 年，何志均晋升为教授。

在计算机系成立的同时，何志均即招收硕士研究生，以培养师资。他招收并指导的第一届共 5 位硕士生，通过补基础，特别是接受了一年半的学位论文写作和科研能力培养，毕业后全部成为教学骨干，十多年后都做出了杰出成绩，全部升为教授、博士生导师，其中潘云鹤后来成为浙江大学的校长、中国工程院院士。

何志均重视研究生培养。开始只有他一人是硕士生导师，在他的鼓励与支持下，导师队伍逐年扩大。他把研究生的培养和学科建设、科研开展结合起来，不断取得骄人的成绩，终于在 1986 年，浙江大学计算机应用技术学科被国务院学位委员会批准为博士授予点，何志均也被批准为博士生导师。到 1988 年，在学科组票选重点学科时，这一博士点已位列全国前十。

何志均创建了浙江大学人工智能研究所，开拓了中国的人工智能、计算机图形学、计算机辅助设计等学科的发展，并取得了科研上的重大突破与经济上的重大效益；退休后又帮助浙江大学向美国出口大型软件，在国际合作上取得突破。

何志均把培养的研究生作为科研攻坚力量，从 1978 年招收第一批硕士研究生开始，一届又一届地继承和发展以前的成果，形成了由博士、硕士和高年级优秀大学生组成的攻坚梯队，完成了几项重大任务。

何志均具有对最新研究领域极为敏锐的感受、分析、判断和吸收能力，因而能够始终追踪国际新兴学科。同时，由于他具有丰富的学术经历和广博的知识，能把握学科发展方向，在组织科研工作时能既注重学科的理论发展，又注重实际应用和经济效益，因此他所从事的研究总能走在学科的前列。

何志均把首批招收的研究生方向确定为"人工智能"，同时也把该方向作为计算机系的长远科研方向，因为他在博览了当时所能得到的外文文献之后，留意到计算机科学和思维科学结合的人工智能学科。这一学科在国外经历了 20 多年艰苦的理论研究阶段之后，方开始其实用的过程，而在国内尚是空白。他为研究生开设了人工智能、机器定理证明、模式识别和 Lisp 程序设计等课程，在国内率先带领第一批研究生开垦这一处女地。他为研究生确定的学位论文研究方向——专家系统，强调专家系统的发展在于应用、在于为社会做贡献。当时国际上所有的专家系统都只能在大、中型计算机上进行研究和开发，何志均却在中国普遍只具有 8 位微型计算机的基础上，对专家系统的设计方法进行了研究。从 1981 年起，他先后指导研究生研制成功一批实用的专家系统，分别应用于农业、探矿和轻纺工业。特别是 1982 年，他指导的研究生潘云鹤研制成功的"智能模拟彩色平面美术图案创作系统"，经国内美术家和人工智能、计算机、自动化等多方面专家鉴定，是"我国首创，达到国际先进水平"。1985 年，美国卡内基—梅隆大学著名教授、诺贝尔奖和图灵奖获得者 H.A. 西蒙（Simon）参观该系统后写下了"我所知道最好的计算机美术系统"的评价。这是中国第一个应用于生产的专家系统，现正在地毯、墙纸、印染、刺绣等行业中投入使用。此后何志均又继续指导新的研究生林峰，后者应用潘云鹤的成果进一步开发出"立体感美术图案创作系统"。这一系列计算机美术的研究，获得了国家科技进步奖二等奖。

1982 年，何志均于计算机系内成立了人工智能研究室，并于 1987 年将之升格为人工智能研究所，担任所长直至 1990 年 6 月。

进入 20 世纪 80 年代，专家系统在国际上正处于大发展阶段，由此产生了一些亟待解决的问题：需要研制出许多建造专家系统的软件工具，使建造一个专家系统所需的人力、时间、资金缩减到原来的几分之一；需要解决许多人工智能上的基础技术问题，加快开发第二代专家系统，以取代不能解决许多较为复杂问题的第一代专家系统。于是何志均带领他的研究生转向专家系统开发工具的研究。他指导的硕士研究生童学军和杨涛分别于 1986 年和 1987 年在国内首先研制成功了两个具有国际先进水平的第二代专家系统开发工具，他们所写的两篇论文均为国际人工智能最权威的学术会议——国际人工智能联合会议（IJCAI）于 1987 年在米兰召开的第八届年会所录用，两人还被大会程序委员会主席聘任各担任一个小组的主席。这些成就引起了国内人工智能学界的瞩目。此后，人工智能所开发了更多的专家系统工具，其中与中科院数学所联合研制的一项获得国家科技进步奖二等奖。

何志均从国际计算机技术的发展动向，认识到计算机辅助设计和计算机图形学将对推动中国工业的发展产生巨大作用。他于 1982 年选定计算机辅助设计及计算机图形学作为第二个重点长远研究方向，并将现代的人工智能技术、图形处理技术结合到计算机辅助设计及计算机图形学的研究之中，从而研制出一批具有国际水平的软件。研究生张宁在他的指导下，于 1985 年研制成功"二、三维图形生成显示软件包"，在图形裁剪、真实感图形处理技术等方面达到了当时的国际水平。1986 年，承担国家机械委"七五"重大攻关项目"VAX 系列（UNIX）机械产品计算机辅助设计支撑软件系统的研究"，这标志着何志均和石教英等教授领导下的计算机辅助设计及计算机图形学的研究已达到国际水平。国家计委于 1988 年在浙江大学建立了国家级计算机辅助设计与计算机图形学重点实验室，由此，该实验室成为国内的重要研究点。与此同时，何志均将人工智能技术、图像处理技术和计算机图形学相结合，用于解决国民经济中的重大关键问题。他指导的博士生陈纯经历 5 年的艰苦努力，于 1989 年研制成功"丝绸印染 CAD/CAM 系统"，达到了当时国际的领先水平，并在生产中获得了极大的经济效益。

由于国家机械委"七五"重大攻关项目的成功，何志均竞争国家"863"重大课题"CAD/CAPP/CAM 集成系统软件研发项目"的招标获得成功。由此，他和董金祥把 CAD 的研究引向更高一层的计算机集成制造系统（CIMS）研究。除了原有 CAD 需要进一步提高以跟上当时国外先进水平以外，CAM 与专家系统相结合的CAPP 都是要新开辟的，还要进行更先进的工程数据库和许多不同大型软件集成技术的研发。何志均让他的 10 多位博士生分别承担这些重大项目，并以 40 名硕士生组成庞大团队。面对国内外的竞争压力，经过 4 年的艰苦奋斗，"CAD/CAPP/CAM 集成系统软件"于 1997 年研制成功，达到了国际先进水平，开发的 CAD 系列软件在 400 多家企业中得到应用，并获国家科技进步奖三等奖，为我国自主知识产权的软件开发与产业化发展做出了巨大贡献。而为工程数据库研发的新型的面向对象数据库（OODB）的原型，也接近了国外 OODB 的指标，由此，浙江大学又在数据库研究这一国际软件界的重要分支上迈进。此后，团队在董金祥的带领下，持续不断地研究并取得成果，成为国内数据库研究的一个重要据点，承担国家"863"这方面的重大相关项目。

何志均认识到，当时所瞄准的国外同类产品又有了大的拓展，而国内产品自身缺乏推广的后劲，这也是中国跟踪项目的通病。他认定，应该和国外企业在开发上密切合作，只有这样方能缩小差距，并能与世界的发展同步前进。为此，他积极寻找与世界软件最发达的美国企业合作的机会，经历多年艰苦的努力和磨合，终于由他牵线与美国第一大共同基金服务公司——道富银行进行合作。他让杨小虎、周波、孙建伶、李善平带领学生组成精干团队，于 2001 年年底组成"浙江大学道富技术中心"（以下简称"技术中心"），由潘云鹤校长和何志均担任中方理事。"技术中心"接受一个道富认为很艰难的任务，仅仅几个月，"技术中心"就很好地完成了软件的开发，并让道富银行投入金融交易实际应用，创造了很高的效益，由此大大清除了道富银行对浙江大学存有的顾虑；此后新任务源源不断而来，而加入"技术中心"的浙江大学学生，以每年翻一番的速度增加，由初始时的 15 人到 2005 年年底已近 200 人。2003 年 8 月，美国 CIO 杂志以"一朵 IT 奇葩在中国开放"为题对"技术中心"进行了专门报道。科技部于 2004 年春召开会议以推动中国软件对欧、美出口事业，而此时浙江大学已经有所突破了。何志均拓宽了应用领域，深入基础进行创新研究，在学术上又做出了辉煌的贡献。

何志均生活朴实、待人诚恳、宽厚、平易近人，能够凝聚大家共同奋斗。他思想广阔开放，勇于接受新事物。他全身心投入教学和科研工作，结婚时已近 37 岁。夫人薛艳庄时任杭州大学生物系副系主任，也已 30 岁，此后曾任杭州大学校长、党委书记，也深受师生爱戴，1988 年任浙江省政协副主席。

　　何志均是第三届国务院学位委员会计算机学科组成员，中国电子学会第一、二届理事，历届（1978—1999 年）中国计算机学会理事，中国计算机学会人工智能与模式识别专业委员会主任，浙江省计算机学会第一至第五届（1979—1996 年）理事长，1987 年获首届浙江大学教师最高奖——竺可桢优秀教师奖。

　　引用 2003 年浙江大学计算机学院为庆祝何志均教授 80 寿诞上的贺辞："桃李不言，下自成蹊。"从何先生身上，我们感受到的是一名学者难能可贵的严谨、勤奋、正直、谦虚、诚恳。何先生倾心竭力、无怨无悔地谱写了一曲动人的乐章，这不正是对"求是"精神的最好诠释吗？

2006 年 3 月

第二部分

何志均老师回忆计算机学院发展

艰难创业　成就辉煌

——浙江大学计算机学院早期 20 年的历程回忆

何志均
2008 年（院庆 30 周年）

　　在欢庆计算机学院成立 30 周年所取得辉煌成就的时候，我就会想起当初创办浙大计算机系时的人才和物力等资源，都不能与浙江大学其他工科系老大哥相提并论，因为它们都在新中国成立以前已有久远历史，在国内声誉卓著。浙江大学也与国内多数大学在计算机系发展水平上有很大差距，它们有的在 1958 年就办起了计算机专业。新成立的浙江大学计算机系真正是一只丑小鸭，但是斗转星移，这只丑小鸭已经成长为一只白天鹅，这是全体师生长期艰苦努力的结果。我作为计算机系的开创者，时时会想起创业的艰难历程，浙江大学计算机学院能有今天的辉煌成就和国内外地位，真使我感到欣慰。在创办浙江大学计算机学院 30 周年之际，我不由自主地回忆起创业早期 20 年（1973—1993）中的人和事，同时也对和我并肩作战的创业者表示深深的谢意。本文只是我个人所接触到的一些事件的回忆，不是完整的历史记录，也许会有一些事件和人物记忆有错或被忽略，望各位谅解，并深表歉意。

与来自五湖四海同仁，在逆流中共创专业，期待曙光

浙江大学计算机专业成立于 1973 年，当年开始招生。1973 年上半年，我受命

筹建计算机专业，从无线电教研组带了张德馨、周肇基、陶欣、叶澄清几个计算机方面的骨干出来，组建计算机教研组。同时，从全国各地调入计算机专业教师，他们是上海交大的王品常、西安交大的李菊初、西电的徐毓良、上海科大的石教英、北大的俞瑞钊和华北计算技术研究所的浦树良，构建了初步齐全的师资队伍，同时从数学系接收了一批约 10 人的 1969、1970 年毕业的青年教师，他们是两年前数学系也准备办计算机专业而留校的。正是大家齐心协力想把专业建立起来的时候，"四人帮"的兴风作浪不断升级，他们命令大学再停课，师生下到工厂、农村参加大批判代替上业务课。看到那时学生们对于知识的渴求，我和全体教师们一致地对大批判敷衍了事，以保证他们有充分的上课时间，就是下厂也是下到专业对口的厂，如杭州无线电专用设备厂（数控技术）、上海计算机厂等，并找机会让学生学习厂里的一些技术。因此相比于"文革"重灾区北京的那些名牌大学，我们的这几届学生还学到一定的知识，在以后的工作岗位上能发挥作用。我们这些来自五湖四海的同仁们，原来相互素不相识，在校外的"打倒""批斗"声再度响起时，能够相互信任，共同承担风险，坚持教学，我是很感谢的。

在这段时间，这个教师团队还做了一件重大的实验室建设的事情。当时实验室空空如也，大家很想有一台计算机供教学实验。但一台最简单的计算机也要几十万元，不是我们买得起的，而且即使有钱也买不到，因为全国仅有几个计算机厂每年小批量生产几十台，都由国家分配给重要单位了。当时，浙江省气象局正需要配套一台自动填气象图的专用计算机，有钱无处买，我们把它承担下来了，决定仿照国内的小型机 DJS-130 机，它本身是参照美国一个采用中规模集成电路第四代小型机设计的，当时还在研发过程中，因此在国内也是最先进的。团队成员进行了有效的分工：叶澄清到上海计算机厂参加了 TQ-15（与 DJS-130 相同的产品）的设计会战全过程，带回了全套图纸。另因浦树良在华北计算所参与了集成电路第三代小型机的研发，因此由叶澄清和浦树良共同负责计算机的总体设计和运控。王品常在上海交大研制计算机中是主持磁芯存储器的，所以由他和陶欣来承担磁芯存储器，而徐毓良和石教英则负责外部设备接口。我们发挥了每人的长处，构成了一个技术结构合理并能攻关的科研团队，成功地研制出了DJS-130计算机。这样的计算机一共先后装了3台。第一台供浙江省气象局配套使用，后来连同气象填图机一起在1978年获得第一次全国科技大会奖。第二台供浙江省水利局配套水文预报使用，其对计算机稳定性的要求比第一台高，当时请有深厚脉冲电路功底的张德馨会同浦树良对全部电路进行测试审查，最后改进了磁芯电路，达到了交货要求。同时利用多余的元器件，我们自己不费一文钱多装了一台DJS-130计算机，供教学实验之用。直到20世纪80年代初期，国外的单板8位微机大量进口，这台计算机才完成其教学历史使命。在当时全国众多设有计算机专业的大学中，能够拥有自己组装的计算机的并不多，我们计算机专业的科研和教学能力已赶上了国内较好学校的水平。

海纳江河，不断在和谐中壮大

1976年，粉碎了"四人帮"，正式标志着"文革"的结束，全国人民欢欣鼓舞，心情得到解放。大学通过高考公平招生，招来的学生们如饥似渴地吸收可学到的知识。教师和学生都一致地想把过去十年耽搁的时间补回来，把与世界学术主流的十年断层补上。国外计算机科学已发展成一门强大的独立学科，大学已普遍成立了计算机系。浙江大学除了在无线电系中的计算机专业以外，在数学系又有一个软件小组，当时的小组负责人黄肇德和我共同商讨，在1978年上半年几次向校领导提出两家合并成立计算机系，最终得到同意，于 1978 年夏天成立了计算机系。

下面，回顾一下我所知道的数学系办计算机专业的情况。

1971 年，数学系的张素素、蒋叔豪、陈增武、毛根生等参加了杭州市的线切割机研制、生产大会战，他们分别负责程序控制技术和数字插补技术，研制出我省第一台数字程序控制产品，并成为杭州市无线电专用设备一厂的当家产品。接着他们又承接了为光波比长测量仪配套的数字计算装置，整个是国防重点科研项目之一，并获得了第一次全国科技大会奖。

1972 年，数学系筹建了计算机专业，并将分配到浙江大学不同专业的 1969、1970 届毕业生约 10 人充实到刚筹建的计算机专业。1973 年，计算机专业在无线电系成立，数学系这部分教师完全并入。张素素和蒋叔豪准备为当时只知硬件的计算机专业在教学和科研两方面都注入软件因素，在当时还算超前的。

国外的软件学科也只是在我国"文革"十年期间成长起来的。对于我们国内多数的计算机系而言，还是空白，软件人才从数学改行比较快捷。在旧的学习苏联体制时，理工分开属于两个不同类型的大学，浙江大学幸而在 1957 年突破这一框框，恢复了理科，就有应用数学专业，有一些青年教师就长期耕耘在计算数学领域。1973 年数学系的计算机部分教师并入三分部计算机专业以后，数学系仍留下一个软件小组，继续成长，他们于 1973 年开始在应用数学专业内招收软件方向学生，也到中科院计算所去学习培训。到 1978 年计算机系成立时，数学系提出，软件小组可以转到计算机系，但要以张素素和蒋叔豪回到数学系计算数学组作为交换条件。此时的软件小组已达到拥有黄肇德、陈增武、金廷赞、冯树椿、周炳生等有很好数学根底的软件师资连同青年教师共 10 多人的规模，因此成立了软件教研组，再从校外引进了从北大出来到企业从事计算机工作多年的胡希明和华北计算所的李赣生，基本上能开出软件专业的所有课程。所以计算机系成立时虽然很小，但能同时具备硬件教研组（主任是张德馨）和软件教研组（主任为黄肇德，后来他去美国深造，由陈增武接替）。有硬件和软件两个专业招生，还是很理想的，两个教研组相互尊重，和谐相处，共同为计算机系从丑小鸭脱胎换骨而努力。因此 20 年以后，计算机系启动了一系列合并扩大工作：1998 年四校合并的杭州大学计算机系并入，国家 CAD 图形学重点实验室、校计算中心相继并入。我虽然已不在其位，但也能感到由于领导的公平对待和师生的密切融合，合并后的计算机学院在和谐发展中得到快速成长壮大，也显示了"海纳江河"的气魄。

化解消极因素，转化为积极力量

前面提到在"文革"中成立计算机专业时，有一大批创业元老是浙江大学 1969、1970 届不同专业毕业后分配到数学系再转过来的。他们在"文革"初期还是大学一、二年级学生，血气方刚，免不了在那场大风暴来临之初，做出一些过激行动。但是当专业成立之时，他们早已冷静下来，内心有"上当"之感，因此早就专心于专业的学习，应该说整个"文革"后期表现是好的。"文革"结束以后，有些人对我说，你们那里某某是"造反派"，我都一笑置之。我想领导首先不要算老账，要宽容青年人在那样大环境下的一时行动，更要劝阻另一派以胜利者自居去挖伤疤，否则无休止的派系斗争的内耗，会造成莫大的损失。另外也有外系的人评论我们计算机系 1969、1970 届教师太多，又不是本专业的，我的回答是他们的基础课程学的是正规的，而即使是计算机专业毕业生在"文革"中也没学什么专业课，因此都在同一起跑线上。他们又代表了"文革"十年一代的人，老的开始老去，新的还刚入学，放弃培养他们，就会造成师资队伍的巨大断层，由此，在我系的青年教师都是心情舒畅，发奋图强。潘雪增、平玲娣、董金祥、杨长生、金一庆等，后来成为系的教学骨干，纷纷当了教授、博导，董金祥更为系里重大科研项目的争取，做出了大贡献。朱金英（她是1965届的）、钟美清、卢华云长期勤勤恳恳在硬件实验室工作，不断改进实验教学。高平后来从教学岗位转任系办公室主任，她长期在此职位，给系的教学、科研做好后勤工作，是校内最出色的办公室主任之一。

我感到院系的基层党组织也为构建学院的和谐文化做出了卓越的贡献。自从十一届三中全会以后，党组织改变了管理人的形象。两任书记李为民和汪益民都能接近群众，成为群众的好朋友，为群众排忧解难，把群众之间的矛盾化解在初始状态，形成全院宽松氛围，师生能专心于工作。

扶植新生力量，使之挑大梁
建立人工智能所，为系里冲锋陷阵

30年前创建浙大计算机系时，它的大部分课程对我来说是空白，只想以边学边干起步，几年之后，发觉计算机学科真是年轻人的学科，它发展和更新的速度使已步入老年的我感到跟不上，于是把希望放在年轻人身上。他们真是不负所望，很快做出了显著成绩。计算机系成立之时，正逢国家推行培养研究生制度，以培养师资。我第一批招收了潘云鹤、孔繁胜、朱淼良、王申康、高济共5位研究生，他们都是在"文革"中毕业于名校，虽然不是计算机专业的，但素质都很好，又在生产单位工作实践多年，因此我从原定的2名扩招到5名。他们在3年学习期间，一方面补好计算机硬件、软件主要课程，随即进行硕士论文科研，都是攻占人工智能、数据库等国内的一些空白点技术，成果颇丰，例如在8位微机简单条件下，首先开发出实用的专家系统、模式识别的手写数字字符识别技术等。学位论文得到校外评阅和答辩专家的好评，研究的成果水平又较高，因此他们都被留下作为计算机系的新生力量和骨干，后来都成为教授、博导。系里的中坚——潘云鹤在硕士论文中以美术图案设计专家系统这一科研创新成就，惊动了中国新生的人工智能学界，为新成立的浙江大学计算机系名声大噪拉响了第一炮。

为了给这些优秀的新生力量更好的发展环境，我不是将他们分散到各教研组，而是将他们集中在新建的人工智能研究室（后升级为研究所），为发展人工智能和计算机应用学科大干一场。人员包括与这些硕士共同成长的董金祥，以及我从数学系要回来以帮助我打理研究室发展的俞瑞钊，不足10人但很精悍。人工智能研究所为系里做了很多贡献，例如，它在1986年获得国家批准成为具有计算机应用学科博士学位授予资质的单位（博士点），到20世纪90年代中后期，又使系升格为计算机一级学科博士点，即系里其他两个学科——软件和体系结构也能授予博士。为了确保其他两个点的师资科研力量和博士点相称，人工智能研究所把它的优秀骨干导师分流到这两个学科的研究所，帮助它们的科研学术水平迅速提高。

第二批人员以童学军、杨涛、张宁为代表，是"文革"以后通过全国高校选拔的更为年轻的一代。首先让他们打好基础，包括接受完整的当代计算机学科书本教学（因为我们采用了较多美国当时的课程和教本），部分内容独立上机验证。同时，研究室在消化和运用UNIX开发环境上，在国内也是领先的，他们在本科高年级时就开始参加科研，并沿此方向一直到硕士研究生毕业，冲锋陷阵，使年轻的浙江大学计算机系在人工智能、计算机图形学、CAD等方面，做出了被认可的显著成绩。童学军和杨涛在1987年，分别向人工智能世界顶级会议（当年在意大利召开的第八届国际人工智能联合会）提交了两篇当时较新领域"专家系统开发工具"方面的研究论文，得到录取（中国方面被录取的论文仅此两篇），同时程序委员会主席，人工智能界有名的 McDermott 教授聘请他们各担任一个小组的主席，当时他们的身份一个是一年级博士生，一个是硕士生。此事使浙江大学又一次名震中国人工智能学界。张宁则在中国首先开发出真实感彩色图形生成和显示软件，得到德国图形学界权威 Encanacao 教授赞赏，因为他们那里还未开展相应的工作，并邀请张宁去他所主持的德国国家图形学实验室合作科研一年。而 Encanacao 教授也通过石教英与我系图形学及 CAD 重点实验室建立了至今长达 20 年的紧密合作，使我们得益良多。图形学方面的冒尖获得了两项回报，使计算机系发展跃上新的台阶：其一，获得了国家"七五"科技攻关重大项目"基于 UNIX 的 CAD 支撑软硬件系统研究"，总经费达 280 万元，成为当时浙江大学经费最多的国家级科研项目；其二，国家计算机图形学和 CAD 重点实验室落户浙江大学。而在争取这两个项目中，反复和国家机械委、国家教委、兄弟学校打交道，董金祥、石教英、胡希明、张宁是出了很大的力的。在此期间，虽然众多的硕士生都挂了我的导师名，但是我所起的作用只是关心他们的基础是否打好，并在项目、设备、资料等方面创造研究条件，而且把他们集中到几个大方向上来。至于具体内容的研究和成长，则全由他们自己努力，或者相互交流帮助（这一优良风气一直在我们研究生之间保持下去）。俞瑞钊和董金祥分别帮助我在人工智能和图形学两摊研究生的培养和管理上起了很大作用，我在此道谢。

20 世纪 80 年代末期，这些优秀的研究生纷纷到国外去继续学业了，我很支持他们，并帮助他们联系了国外大学。另一方面，像"七五"攻关这些大项目，我们也早安排了接替的研究生。在有的子课题上，即使一而再、再而三地有研究生出国或毕业，都会有人接上，不但没有影响进度，反而培养了更多的研究生。

人工智能所研究在完成"七五"国家攻关项目以后，取得了继续沿此方向的一个 863-CIMS 主题重大开发课题——集成化 CAD / CAM / CAPP 系统，经费 300 万元。它延续到 20 世纪 90 年代中期，成为我们培养更多硕士生和博士生的依托。连续几届博士生在此研究方向上获得学位，他们参与了这个大项目的开发并产生了感情，决心留下来把它完成，直到推向企业。浙江大学计算机系能有这么多优秀博士（包括送出国去培养一两年后回来的）留下来充实教师队伍，当时是一道亮丽的风景。他们的研发领域除了原来的人工智能、计算机图形学、CAD 以外，拓宽到自行开发面向对象数据库（用作全局模型的工程数据库）和大型软件的系统集成等技术，都处于国内领先地位。

向国外找出路

这部分内容，虽然是近些年的事，但因为我参与较多，直到 2005 年，因此我也把它写出来。

在 20 世纪 90 年代中期，人工智能所承担的 863-CIMS 所属大型软件的原型完成以后，虽然它的各个技术指标已达到了当时国外同类较新产品如 CAD、OODB 的水平，但就整体商品化而言还要继续投入较长时间，才能和国外软件相竞争。然而，政府部门只要鉴定完成，就不再继续立项，而企业要将该项目投入长期开发还无此先例。因此在 20 世纪 90 年代后期，系里没有了能集中相当多人力的大项目，许多优秀青年教师们只能凭借前段时间攻关所获得的知识和技术积累，各自分散地去申请自然科学基金或"863"一些小项目，但难度很大，或者为企业信息化做一些技术推广项目，但水平也不高。即使后来有了潘云鹤校长的大项目，经费高达 2000 万元以上，也吸纳不了我系快速增加的全部优秀人才。

当这些才俊面临国内项目少、无从发挥自己才智的困境时，我已退休，我想：何不让他们尝试与国外合作发展？我把自己定位为今后为系里做这方面工作的牵线人，帮助这些青年才俊获得合作项目，而不是自己再去领导项目。我的愿望是他们因此能参与符合自己当前水平的软件开发，即使不能独立去承担整个大项目，也能以助手或学徒的身份去承担大项目中的一部分，目的是使他们得到锻炼。

但此后七八年，我断断续续地与国外留学生联系却没有得到预想中的反馈，最后他们坦言因为在公司里还很少有人达到高层，说话没有分量。直到 2000 年才由在美国长期担任程序员的老校友郭以连大姐牵线，通过她过去的上司和好友、时任美国道富银行高级职务的 Jerry Cristoforo，找到了合作机会。

道富公司（State Street Corp., SSC）总部在美国波士顿，是全球领先的金融服务提供商，是美国第一大为共同基金公司托管资产达 15 万亿美元的"银行的银行"。作为金融服务业的领导者，道富公司专注于把信息技术作为其业务的推动力，在技术应用和开发上处于领先地位，仅全球各个部门的 IT 从业人员就有 4000 多人。Jerry 曾在 15 年前即 1986 年，由郭大姐介绍到浙江大学讲数据库课程一周，对浙江大学有很好的印象。在任职道富以后，他又想到浙江大学，请郭大姐牵线。我大喜过望，动员几位才俊去接受合作。2001 年春，杨小虎、孙建伶、周波三位由道富邀请去波士顿总部培训熟悉业务。半年后，双方开始落实合作（2001 年 11 月），在浙江大学建立浙江大学道富技术中心（以下简称 TC），由浙江大学计算机学院教师带领的高年级优秀本科生和硕士研究生为主力，道富公司注入研发项目和项目科研经费，以此经费购买设备。另外，道富公司也从美国搬来较贵重的设备，如 IBM 的服务器、SUN 的服务器等，在浙江大学建立软件开发环境。双方约定研发成果归道富公司，但发表论文署名次序上，第一位是浙江大学，第二位才是道富公司，当然项目科研经费也入账于浙江大学。Jerry 与浙江大学的合作，开始并不为他上司和同事理解，他们问：中国能行吗？为什么不与印度或爱尔兰合作？为了尽快做出成绩，Jerry 拉来"证券交易执行系统（Lattice）"的再工程项目。这是一个使道富高层感到棘手的项目。TC 在半年内就完成了第一期工程，将其投入使用，取得了很好的效益，由此改变了道富高层对与浙江大学合作前景的看法。此后几年，合作的规模和经费都以每年翻一番的速度增长，而且尽管有印度软件巨头如 Tata、Wipro 等竞争对手，道富公司还是把软件开发这一核心业务交给了浙江大学。可以说，我们实现了当时科技部计划向欧美出口软件高档次外包的突破。

我没有系统总结过，但零星地想到成功的原因有以下几点：

首先是赶上了"全球化"大潮。道富公司要把尽可能多的任务外包，而且此后一直主持合作的 Jerry 钟爱中国文化，认可各方（道富公司、浙江大学、浙大网新、浙江大学师生）共赢，调动了各方的积极性，最终确实达到了各方共赢的效果。

其次是执掌 TC 的四人团队。杨小虎、周波、孙建伶、李善平都是计算机学院优秀的才俊，他们不但理论基础、研发能力、英语交流能力优秀，有很好的人品，吸引了很多优秀学生的参与，而且在与道富公司的合作中展现了谦虚谨慎、踏实负责的作风。针对每一课题都跨越中美两方建立课题组，组内经常交流，并提出新的想法，不断改进开发过程，因此项目得以高质量完成，双方还建立了友谊。这与印度竞争对手接下任务，双方定下需求就只能等他们做出结果，中间不容轻易修改的方式相比，更能使他们感到满意。

再次是再工程的性质。不需要很高的原创力，但要广采已有最新技术成就集成于再工程内，并有坚毅刻苦的工作态度。对我们来讲，难易恰到好处，使我们可以集中较多优秀人力（当然是学生）结成团队，在不太长的时间内取得成绩，而这对于众多公司来说都是难以办到的。

浙江大学与道富公司合作的平台，几经扩大，到 2003 年，TC 不是实体就不适应，特别是不能把曾在 TC 学习的优秀毕业生留下来继续工作。于是由浙大网新公司投资成立"恒宇"软件公司，得到道富公司的认可。TC 与恒宇是两块招牌，一套班子（即杨小虎等 4 位）。恒宇不但接收 TC 来的优秀本科或硕士毕业生，而且也向外界招聘。虽然招聘来的大部分是本科生，他们也能在 TC 中的研究生的指导帮助下，参与工作，做帮手，得到培养。

由于 TC 对道富公司的核心软件开发介入愈来愈深，道富高层产生了安全忧虑，因此在 2005 年提出将恒宇软件公司收购，改为独资的道富（浙江）科技公司，作为在海外的内部研发中心。TC 仍作为浙江大学与道富公司合作的桥梁平台，通过它派遣师生参与道富公司的项目。为了对浙大网新做出补偿，由道富与浙大网新共同投资成立一个"恒天"公司，借助道富丰富的客户资源，到美国去接金融软件的订单。道富看好的是浙江大学源源不断培养出来的优秀学生资源，而对于浙大网新自身来讲，它已经成为国内大软件公司之一，正希望开拓新局面。道富与浙大网新共同规划几年之内将恒天发展成专接国外软件外包业务的 3000 人规模的公司，赶上全球化的快车。

TC 每年为国家或浙江大学挣得不少的外汇，为国家培养了优秀的软件人才，为浙江大学的软件工程学科建设做出了切实的贡献。它不但每年为浙江大学贡献了较多科研经费，而且在浙江大学原来比较薄弱的软件工程学科上有所建树。在开发各个项目中，充分应用并由此熟悉了最新的软件开发过程和开发平台环境，提高了大型软件开发能力。每年几十个从 TC 毕业的本科生和硕士生，除了少数为 IBM、微软、Google 等在中国的研究院聘走以外，大部分留在道富科技、网新恒天，其余应聘到国内其他大 IT 公司的也起了骨干作用。在科研论文方面，博士生所写的一些论文，被欧美专业会议录用刊出。比较突出的是博士生王新宇的以 Lattice

开发为基础的论文为 2006 年顶级的国际软件工程会议（ICES 2006）所录用并出席会议做了报告。该次会议虽然在上海召开，但中国方面被录用的论文只有两三篇，其中另一篇是中科院软件所海归人士写的。这也难怪，因为在国内只有极少数能以从国家获得的大投资的大型软件项目作为研究软件工程的依托，而我们和道富公司合作，也就获得了软件工程学科建设的条件。

执掌 TC 的四人团队，他们不但科研能力强，而且教学也很出色，受学生们欢迎。所以他们婉拒 Jerry 的盛情和高薪，不到道富科技任高职，宁愿作为兼职顾问，扎根在浙江大学，同时他们也关注、利用这些条件，提升计算机学院的学术水平。现在 TC 有 10 多位硕博连读的学生，在硕士阶段以参与道富的工程项目为主，加强实践经验，到了博士阶段，主要转到研究工作。Jerry 也很支持，道富科技每年要从收入中提取一定比例经费支持 TC 的基础研究工作。这些学生博士阶段的自选研究课题，不必直接和当前开发项目挂钩，主要为道富公司及浙江大学的长远发展打基础，对于提高浙江大学计算机学院的理论基础和学术水平会有很好的作用。

喜见新事物，乐于走新路

浙江大学计算机系成立之初，喜逢改革开放大潮第一波，也促使我们敢于冲破旧框框，尝试走新路。

在此之前，我们已经从国外期刊上看到过美国 ACM、IEEE Computer Society 所推荐的计算机系课程框架，所列举的各课程名称和内容，对我们来说，完全是陌生的。由此电子部在 1977 年和 1978 年两次召开全国电子类教材会议，目的是确定全国统一的各专业教学计划，然后据此确定各课程教材分工编写计划。我们提出了全盘采用国外各课程及其教本的方案，如果来不及翻译，就直接用原文课本。与会代表顾虑在课堂上用资本主义国家的外文课本，在政治上不太妥当，因此后来决定依据自身力量，编写自己的教材，根据编写进度，只对十年前的教学计划做大修改，不做全盘推倒。最终我们还是决定全面采用国外课本。而开始时还组织翻译，后来翻译跟不上，就直接采用英文原版，如程序设计、高级程序设计、机器结构与汇编程序设计、数据结构、计算机组成、操作系统、算法设计与分析等所有计算机系主要基础课程就用了原文课本，使学生至少在书本知识方面赶上了国外的大学生。

有了书本知识，还要通过实践运用，才算真正掌握。好在对于计算机专业来讲，大部分课程实践所要求的一致都是"上计算机"，有了计算机，就解决了主要问题，但是计算机又非常贵。计算机系在创立的头几年，学校只是每年给经费，从未拨专项设备费，因为学校是想通过建立校计算中心一起解决计算机系的实验设备。我们在建设实验室的长期过程中，还是靠自己走了一些新路。

首先是观念上的更新。我们不贪图各种免费的馅饼，以开源节流、自力更生来建设对我们教学和科研更为适用的计算机实验室。

其次，在具体措施上，我们取得各教研组同意，把经费集中到系里，不再分到各教研组，作为启动经费。以后，实验室提供条件使科研出了成果，就会获得更多经费来支援实验室升级扩充设备，形成良性循环。

再次，在进口设备渠道上，我们也走出了新路，使我们比国内大多数单位更容易和快捷地购买到想要的设备。

可以说，实验室的建设是使我系能较短时间内在科研上做出领先国内的科研成果，由此使丑小鸭成为白天鹅的关键。下面我较为详细地进行介绍。

实验室的微机建设阶段，
满足了教学和科研基本的实践需要

开始建设阶段，我们的经费力量只够购买微机，经过仔细挑选、策划，也达到了在教学上培训学生软件开发基本能力和在科研上足以出成果的目的。

当时国内生产的计算机只能配备到 Basic 语言，国外生产的普及型微机也只配 Basic 语言，而对于国内初接触高级语言的各个计算机系，能有 Basic 语言用已很满足了。于是大量采购这档微机。但 MIT（麻省理工学院）计算机系李教授来我校时说过，计算机系学生从第一课起就不应采用不规范的 Basic 语言，要从 Pascal 语言开始，于是我们就以购到 8 位微机中比较高档的 Cromemco 机，配置 Pascal 等多种高级语言为目标，这一目标历经千辛万苦才达到。这下，不但能让低年级学习从 Pascal 开始，养成结构化编程的好习惯，而且也使第一、二届毕业班毕业设计中选用 Fortran、C 和 Lisp 成为可能。我于 1990 年第二次访美时，碰到 1982 届的崔茜，他已获得马里兰大学计算机科学博士学位，在一家软件研发公司工作。他告诉我，他初到马里兰大学时，很多国内同时来的研究生都只接触过 Basic，其他语言只听说过 Algol 和 Fortran，更不知有 C。他现在工作中使用最多的是 C，业余在马里兰大学夜大教授 C 语言课，这是在浙大时学到的基础。

购置设备、建立计算机实验室在当时可以说是千辛万苦的事。当时购买一台进口设备，要过好几个关口：先要有外汇额度，再要赶上教育部一年一度的进口审批，由教育部汇总各校订货集中交给国家进出口公司办理，一两年后，由进出口公司发货。有时会永远石沉大海，不知在哪个环节上出了问题。

我校第一台进口的计算机是 1979 年我随浙江大学代表团第一次访美时购回的。代表团 8 人踏上美国就感受到计算机在美国社会信息化中所扮演的重大角色，大家决定节省住宿伙食费用，买一台微型计算机带回去，让浙江大学的科研添上这一利器。代表团到访问的最后一站洛杉矶时，已节余近一万美元，可以购买当时流行 8 位微机中最高档的 Cromemco 机了。于是委托在洛市结识的华人计算机专家鲍若田博士代购，我们即行回国。两个月后，鲍博士托他好友，也是华人的计算机专家鲍震先生回国探亲时随身带来。从广州入境，按照当时的交通条件，随身带两个大箱已属不易，鲍先生自费在杭州住了两天，没有去游玩西湖，用全部的时间在计算机室里详细教会大家使用和维护这台计算机。这些海外华人专家也包括浙江大学的老校友看到"文革"以后的中国大有希望，总想帮助祖国，这是我在美国访问一个月时所深深地感受到的。

买来的这台 Cromemco 是当时浙江大学唯一一台进口的也是最先进的计算机，是学校里的宝贝，不能归远在三分部的计算机系，而是放在校本部的计算机中心室，但给计算机系的研究生在使用上予以照顾，让他们可以 24 小时轮流使用。这样解决了第一批研究生做硕士论文的上机需要。而潘云鹤的美术图案设计系统，就是用它完成最初原型的。

1980 年，教育部牵头国内最领先的 17 所大学向世界银行贷款，每家两三百万美元用于购置计算机设备。我们很高兴，以为可以从此一步跨越。校领导要我们提方案，我建议仿照一年前访美看到的各大学情况，以大部分经费购置大型机建立校计算中心，担负全校学生上机实验和全校各个科研课题提交的计算任务，另以一小部分经费支持计算机系建立一个系的计算机实验室，供计算机师生教学、科研之用。因为计算机系的实验需要经常对计算机的软件、硬件进行更改，这在校中心的大型机上是绝对不被许可的。但校领导不支持再建一个计算机实验室，一切活动都要到全校的计算中心统一进行。

1981 年，我们在派出了一些骨干去承担为学校建立计算中心任务的同时，决定用自己的力量和经费建系的计算机实验室，以购置一定数量的 Cromemco 微机，满足人数众多的本科生需要。我们集中了当年全系设备费 10 万元人民币。如按常规程序，两年以后才能到货，那将使计算机系好几届学生成为没有摸过计算机的毕业生了。我们决定打破常规另外寻找出路，郑纪蛟对此做了很大贡献。他先找到中国银行杭州分行管理外汇业务的王采珍女士，后者同意以比官价高 10% 的价格卖给我们专项用途的调剂外汇，再找到浙江省教育厅代替教育部批准专项进口，又找到熟悉进口微机业务的美商（华人）……一切都搭好线，然后找省进出口公司签现成的合同。美商也在美国加紧办理出口手续，因此机器几个月就运到杭州了，而按照常规办要花一年以上的时间。

1982 年上半年，4 台 Cromemco 机到校，麻雀虽小、五脏俱全，配有多种语言——Fortran、Cobol、Pascal、C、Lisp 和 Cromix（简化的 UNIX）多用户操作系统，因此拉了 16 个终端可同时供 16 人上机。这样，不仅满足了毕业班及以后各届教学需要，而且也可以因此开展人工智能等应用软件的开发研究，争取到多项国家科委、电子部和国家自然科学基金的项目。由此，从购置设备以启动科研，到科研出成果再支持设备的更新和扩充，成为一个良性循环。而这段时间正是国外微机水平飞速提升时代，我们得到的科研经费也跟着每一年提升，从 8 位到 16 位的 PDP-11，再到 32 位的 MC68020 机、MICRO-VAXII 等，可用的支撑软件逐渐丰富，特别是 32 位微机上，安装了完整的 UNIX 第七版和正规的关系数据库管理系统。优秀的本科生和研究生就在胡希明指导下研读 UNIX 源代码，打下了使用 UNIX 开发环境和理解典型软件组成的基础，在当时国内还是少见的。

另一方面，校计算中心的建设却比较缓慢。因为是大项目，受制于世界银行、教育部、进口管理局等各个机构和部门许多的规章制度，而且要 17 个大学同时起步，从写标的、发标、评标开始，等到我系实验室建成两年以后大型机才到校。

即便大型机到了，也只能解决我系一年级上程序设计课的上机需要，不适于科研，因为它是非主流的计算机厂商 Honeywell 公司出品的、供企业管理或控制所用的大型机。

实验室的 VAX11/785 课题阶段

具有微机最高水平的浙江大学计算机实验室于 1984 年初步建成。此时我们的目标转向建立达到国外一般研究型大学计算机系同样水平的实验室。具体的，就是购置国外多数大学计算机系所拥有的 VAX11/780 系统。进口设备最大的困难是获得外汇。我们已经从中国银行获得调剂外汇的通道，现在只缺 50 万美元的经费。我们的解决办法在当时是很独特的：先是向天津市计算机公司贷款 100 万元，以后用科研成果的转让费收入进行偿还。这个方法得到学校领导首肯，因此 VAX11/780 的更新型 VAX11/785 得以在 1986 年到校。

和硬件同样重要的是操作系统。我们为 VAX 配的操作系统是 UC Berkeley 版 UNIX BSD，也费过一番周折。开始时，DEC 公司对中国 VAX 用户配售的操作系统都是他们自己开发的 VAX/VMS。对于众多只是单纯以应用为目的的用户，这一操作系统确实易学易用。UNIX 虽然较难学，但一方面它有丰富的开发环境，更适宜于软件研发人员作为研究平台，因此几乎所有美国大学的计算机系都是采用这一平台。另一方面，UNIX 此时以其可移植性也正从学术机构推广到企业界，开始进入主流，非常有前途。所以我们坚持要配 UNIX BSD。DEC 公司推脱，称其香港分公司工程师不会安装 UNIX，而我们凭借前两年在 32 位微机上已深入消化了 UNIX 的功力，提出可以自己装。因此在 1986 年，DEC 公司首批向中国出口的两套配有 UNIX BSD 的 VAXU/785 系统，就是一套在浙江大学，一套在中科院软件所。

1985 年，由国家机械委主导的国家"七五"攻关项目——"基于 UNIX 的机械产品 CAD/CAM 支撑软件系统"招标，我系由于在计算机图形学上取得的优秀的成果和对 UNIX 的深入掌握，已处于竞争的最领先地位。这时，又加上 VAX11/785 及其 UNIX 系统到达，具备了必要的物质基础，因此国家机械委拍板决定将这项目交给浙江大学，并提供了 280 万元的资助经费。

1987—1990 年，除了美国和其他少数几个"大国"以外，VAX11/780 或 VAX11/785 就是多数研究型大学计算机系一级实验室的最高水平计算机，因此我们研发软件的物质条件也基本具备。

我想，如果老是等天上掉下来的馅饼，有时会贻误时机，有时馅饼虽是免费的，但却对不上我们的胃口，难以变成营养。而依靠自己从小到大、自力更生地生长，有时反倒成长更快。

实验室的图形学和图像学处理功能的建设，使计算机系显出科研特色

计算机图形学与 CAD、计算机图像处理是国外在我国"文革"开始前不久才兴起的计算机应用的两个新学科，到我国"文革"结束时在国外已经广为应用了，而我国各研究所和大学都想及早填补上述两个空白点，但是由于设备经费非常昂贵，大家只能望洋兴叹，一方面做些理论层面的工作，另一方面去争取大量经费。浙江大学数学系从事 CAD 研究的一位教授在美国访问研究两年，回国后，请求学校购买他在美国使用过的矢量图形显示器。因为价格在 30 万美元以上，从 1983

年提出，直到 1986 年才到手，但这也已为国内 CAD 同行所羡慕。

浙江大学信电系开展图像处理研究所需要的图像处理系统价格在 50 万美元以上，是通过串联世界银行第一批贷款兄弟院校共同作为大学基本设备申请批量进口获得的，系统到达校中心实验室则是 1986 年以后的事了。

我们所采取的还是和购置计算机一样的良性循环方式，让购置设备和科研成果互动，不断积累。够用并能持续更新创造条件就是好，超过限度的好就是浪费资源。

1981 年，潘云鹤完成了美术图案处理用的只是 Cromemco 8 位微机所附带图形功能，是显示很粗糙的 16 色，演示的生成图案很单调。于是我们花了 1000 多美元订购了 Cromemco 256 色图形板。1982 年到达后，系统在其上生成的图案就丰富多彩，研究的成果通过鉴定，得到了专家们的一致好评，同时也得到了国际上一些著名学者如诺贝尔奖和图灵奖获得者 Simon 教授、美国模式识别权威傅京孙教授的赞许，并送日本筑波万国博览会代表中国展品展出半年。这个项目又给我系带来第一项国家科研经费的支持。

1983 年，我们为了进入计算机图形学与 CAD 和计算机图像处理这两个新学科，翻阅国外期刊广告，看到一家小公司出品的图形、图像处理器 CBX-800，价格只有 5000 美元，是我们力所能及的。但是和其他一些几十万美元的设备相比，难以令人放心，怕买来以后只是一个玩具。但通过仔细比较，它的技术指标虽低，基本功能尚且具备，足以开展这两个学科的工作。于是我们冒着风险去订购，通过我们自己的进口渠道几个月后拿到，和我系原有微机配套成一个系统，使我们在国内外率先开始工作，不久便取得以下一些收获。

（1）研究生林峰把潘云鹤的美术图案设计系统自动生成图形，增强到具有立体感，也更为漂亮。

（2）董金祥帮助研究生张宁开展了机械 CAD 的重要技术几何造型的工作，成功研究开发了浓淡模型的显示和实体造型系统。这些结果的演示此后帮浙江大学争取到了国家"七五"有关 CAD 的重大项目，以及为浙江大学在国内 CAD 界长期处于领先地位奠定了坚实的基础。

（3）朱淼良和陈纯在国内率先进行图像处理技术的实验，并显示出其应用的一些结果。

1985 年，我们购入了 CBX-800 的升级产品 CBX-1600，虽然价格不到 2 万美元，但指标已接近大型设备。利用它，我系进一步获得下列成果。

（1）计算机图形的质量更上一个层次。张宁研发了光线跟踪技术，生成彩色真实感的三维图形，使国内图形学研究达到一个更高层次，足以应用于建筑外形和室内装潢 CAD。

（2）陈纯将图像处理技术应用于丝绸纺织物的印染制版分色。这一技术为国内首创，成功地使我国实现印染制作电子化、自动化。

长长的实验室建设阶段中，我系很多人出了力，我只举一些突出的。实验室建立中的 Cromemco 微机阶段，郑纪蛟和毛德操出了很大的力。而在超级机 VAX11/785 和图形设备 CBX-1600 阶段，张宁是整天泡在实验室里，在那里他深入消化了 UNIX，出了图形学成果，也维护了这些计算机，把它们的软件潜力发挥出来。而在整整二十年的持续的实验室建设和科研项目互动的良性循环中，董金祥始终是循环的重要推手。同时，我也感谢在美国 Stanford（斯坦福）大学的宇航学博士夏道师先生，他帮助我们购到 CBX-1600，以及之后为我们扩充了 VAX11/785 和 SUN 工作站等许多关键点部件。

后　记

　　浙江大学计算机学院能有今天，固然是全体师生持久努力的结果，但也应归功于浙江大学悠久的历史、良好的校风，过去优秀理科留下的深厚基础的教学，也应该感谢自建系以来不断有帮助我们并与我们合作的许多兄弟学校计算机系，这里不一一列举名字了。我个人也深为感谢在最早十年帮助我系务的张德馨、叶澄清、冯树椿，帮我领导人工智能所的俞瑞钊、董金祥，早期几个教研室主任陈增武、徐毓良、陶欣，领导实验室的浦树良、宋士华，他们都分担了计算机系快速发展中的许多工作。

　　虽然计算机学院已取得很大的成就，但还应该看到新的差距，这就会让我们不自满，鞭策我们继续前进。我想，在学术水平上，不是以多少篇 SCI 收录科研论文，有多少个千万元以上经费科研项目来衡量的。十多年前我就听李国杰院士在一次报告中倡导的"顶天立地"，我一直认为很有针对性："顶天"需要收得住心，长期探索创新的艰苦努力；"立地"是为中国的计算机企业，或者社会信息化做出切切实实的贡献。我们要像企业一样接受市场经济的改革，在价值取向和具体措施上来一个有效的大变化。在人才培养上，有人说浙江大学毕业生是很踏踏实实的工程师和科学家，缺少企业家。我观察到了不但新中国成立前毕业的老校友无论在国外还是国内都是这样的情况，新中国成立后的校友本应该中断了这个传统，但实际上却惊人地相似，就是到国外去创新天地的，也只有较少的人上升到管理层。踏实工作作风固然还是要保持，我们所不足的，就是李开复博士所要求大学生除了智商以外的"情商"。众多大学生应成为 21 世纪中国现代化实现过程中的栋梁之材，情商如何培养，固然没有经验，不必刻意去追求。我想，一种可能是要让学生有充分的时间去参加各种丰富多彩的课外社团活动，让他们自我培养。这就需要改进教学、提升教学效率，把学习时间减下来。而即使从更好地培养业务知识和技能的目标来讲，把过去的填鸭式教学转变为创造性的学习，这种教学方式的改变也是必要的。从这方面来讲，我们的大学和美国一些非研究型的但是很好的以教学为主的大学比，还有差距要赶呢。

浙江大学计算机科学与技术学科能从白手起家发展到学科总体水平已处于国内第三位的今天，实属不易。我相信计算机学院在年轻一代的带领下将会取得更加辉煌的成就。

第三部分

纪念何志均老师的文章

一生学习的榜样

——怀念恩师何志均先生有感

（吴朝晖）

岁月荏苒，白驹过隙。不知不觉中，何志均先生离开我们已经快两年了，但先生的音容笑貌犹在，从不曾淡忘。何先生是计算机界的一代宗师，亦是我人生的楷模，30年来，先生的教诲、关心和帮助一直伴随着我的成长发展，他那高尚的人格、大家的风范、卓越的见识更是指引着我砥砺前行。

何先生见识高远，时刻不忘开拓创新，始终走在时代前列。40年前，他开创了浙江大学计算机系，培养了一大批计算机科学与技术人才，为国家计算机科技事业发展提供了最宝贵的人才资源。对于当下世界各国战略必争和我国未来发展战略重点的人工智能，先生早在40年前就已前瞻到其发展前景，并将其作为浙江大学计算机系的主要研究方向，建立了人工智能研究所。先生敢于创新、勇于突破，他并未满足于实验室的研究，退休后仍带领学生们开展产学研合作，将学术成果用于推动产业发展。可以说，先生所做的努力和付出，为浙江大学计算机学院今天的发展和成就奠定了坚实的基础，创造了良好的条件，开辟了崭新的境界。

经师易得，人师难求。何先生爱生如子，时刻不忘师道初心，对学生的成长倾注了大量的心血与无私的关心。先生非常提倡科教结合，支持本科生参加学术会议和研讨班。至今我仍然记得，在先生鼓励下，我在本科三年级就参加了科研工作，并且经他推荐，我作为学生代表，在1987年12月有幸参加了国家"863"计划信息领域启动时的战略研讨会。先生非常重视学生创新能力的全面培养，引导学生在科研实践中获取真知。至今我仍然记得，1988年我刚进入先生门下攻读硕士，先生便让我担任学术骨干，并负责工作站智能系统开发工作。先生这种高度信任、大胆用人的大家风范，使我的科研能力在硕士阶段得到全面的锤炼与提升。先生非常重视学生的课程学习，为学生指导前沿的学术方向。至今我仍然记得，20世纪90年代初，在先生的鼓励和支持下我继续攻读博士学位，当时通信不便，尽管先生已年近古稀，却仍然不辞辛苦，顶着炎炎烈日，亲自到宿舍与我讨论博士课程的选择……点点滴滴，历历在目。

何先生淡泊名利，时刻不忘家国情怀，堪称师者典范。即使在耄耋之年行动不便，先生仍胸怀教育，心系天下。先生和师母薛艳庄老师一直都生活简朴，在晚年将毕生积蓄用于慈善，捐献成立了云惠基金会，为弱势群体家庭的子女教育提供支持，而且不愿在基金中留下自己的名字。先生用自己的善行真正彰显了一位伟大教育家的风范。

薪火相传，不知其尽。先生自身发出的光辉是其学术成就和人格魅力，但他却以言传身教照亮了我们的人生，把求是创新的火种传递给我们下一代，使之生生不息。

特此感念师恩！

深深缅怀 无限感恩

——追忆何志均教授的创新创业精神

（陈纯）

浙江大学计算机学院成立已经 40 周年了，在此深深怀念计算机学院的创始人何志均教授。何志均教授离开我们已经两年多了，他把一生都贡献给了计算机事业，培养了数以千计的电子学和计算机高级人才，为我国的人工智能、计算机图形学、计算机辅助设计等学科的创立和发展做出了开拓性的贡献。他特别推崇"顶天立地"的学术研究之道：既追求科学研究的高水平，又强调技术的落地应用。他的实事求是、创新创业的精神一直对我有着很大的影响，回顾往事，历历在目。

1982 年春，作为"文革"后恢复高考的第一届本科毕业生，我从厦门大学数学系考取浙江大学计算机系计算机应用硕士研究生，师从何志均教授，毕业后留校担任教师。1986 年，我又在职报考了何老师的博士研究生。读博期间的主要工作是完成国家经贸委和浙江省计委下达的"计算机丝绸花样设计、分色处理和制版自动化系统"的攻关项目。当时中国的纺织业是出口创汇第一大产业，纺织印染厂多且规模大，但长期以来花样设计和图案分色工艺落后，完全靠人工绘制，直接影响了当时主要靠来样、来料加工的我国丝绸及其纺织品在国际市场上的竞争力。该项目是要开发一个集计算机系统、图像图形处理系统、光鼓扫描输入和印花激光制版机于一体的全新装备，国际上没有可供借鉴的开发经验和软件系统，几乎所有的一切都要自己设计，从头开始。初出茅庐的我压力之大可想而知。在何老师指导和鼓励下，经过整整四年的艰苦工作，系统于 1989 年年底完成开发，达到了国际领先水平，在人工智能技术及应用上有较大的突破。何老师又督促我踏踏实实进行系统的产业化开发，后来该成果在全行业全面推广应用，实实在在创造了巨大的社会效益和经济效益，我也因此荣获浙江省十大科技新星和第三届中国青年科技奖。

对如何建好产学研平台，何志均教授有着独特的见解，并身体力行，在 20 世纪 90 年代后期直接促成了和美国道富公司进行金融软件系统开发的合作。道富公司成立于 1792 年，是全球最大的机构资产管理公司和投资服务提供商之一，一直在全球金融领域有着举足轻重的行业影响力。2001 年 10 月，浙江大学道富技术中心成立，第一支技术团队由何志均教授担任技术总指导，团队成员由杨小虎、周波、孙建伶、李善平等教师组成，并从计算机学院的本科四年级生、硕士生和博士生中精心挑选了 15 名学生，致力于研究开发全球化金融软件和技术。后来又成立了浙大网新恒宇（恒天）公司，在外包软件出口方面取得了举世瞩目的成就，成功地开创了对欧美的大规模、高水平的软件外包业务，美国 *CIO* 杂志和中央电视台（《新闻联播》栏目）等媒体多次对此进行了深度报道。多年来，这个产学研平台培养出了数千名能力极强的从事金融软件系统研发的国际化人才。

在新一轮的创新创业浪潮中，通过何志均教授创立的产学研平台培养了以王新宇、王新根、蔡亮、李伟、李启雷、邱玮玮、丁轶群、茬程等为代表的年轻人，他们刻苦努力，又极富创造力。从 2010 年左右开始，结合社会资本，这些年轻人陆续探索创立了三个技术驱动型的创业企业：浙江邦盛科技、杭州谐云科技和杭州趣链科技。在艰苦创业过程中，他们尤其专注于核心技术的研发，分别在大数据实时智能处理、区块链、云计算等领域致力于开发自主可控的基础软件平台和系统，取得了国际一流的成果，其中：邦盛科技的大数据实时智能处理技术"流立方"，已为两百余家大中型金融机构提供实时风控服务；谐云团队在 Docker、Kubernetes、Cloud Foundry 等开源云计算项目贡献累计超过 1400 万行代码（截至目前）；趣链科技研发了业界最高水平的企业级区块链底层平台 Hyperchain。

"昔言求是，实启尔求真"，40 年来，计算机学院一代又一代求真务实的年轻人在何志均教授创新创业精神鼓励下茁壮成长，计算机学院各个方面也都有了蓬勃发展。今天，缅怀何志均教授，我深深体会到何老师的精神和理念是我们学院的"传家宝"。

● 庆祝何志均老师八十寿辰合影（从左至右：陈纯、何志均、薛艳庄、汪益民）

悼念敬爱的何志均老师

（顾伟康）

敬爱的何志均老师两年前离我们远去了，但何老师的音容笑貌犹在。他深厚的学问、高尚的品质，他对学生和年轻教师炽热的爱永远让我萦怀。他的精神是鼓舞我一生为事业而奋斗的巨大动力。

我1958年考入浙江大学无线电系无线电技术专业，何志均老师既是浙江大学无线电系的创始人又是无线电技术专业的主要负责人。何老师身兼数职——系主任、专业负责人、浙江大学科研处（筹）负责人兼学报主编，又倾注了大量的心血在学生和年轻教师的培养上。

作为一名普通的学生，我深感何老师为培养我们付出的艰辛劳动。他为无线电专业引进多名当时在国内很有名望的专业教师：哈佛大学毕业又在英国贝尔通信公司工作的微波、电磁场专家张毓昆老师；从美国回国的通信专家邓汉馨老师；在国内某通信工厂担任工程师的无线电发送设备专家戚贻逊老师等。他为我们制定了科学的培养计划，为每门课配备了主讲老师和辅导老师，每门课都制定了实验环节。为提高学生的实践知识，何老师亲自到上海、南京、武汉、成都等地，通过他的同学和学生（他们是电子工业部所属重点工厂的厂长或总工程师）的帮助，上海亚美电器厂、上海无线电十四厂、南京714厂、武汉716厂、成都766厂以及杭州电子仪表厂、杭州邮电器材厂等工厂都成了浙江大学无线电专业实习的固定基地。

何老师还亲自为我们开讲重要的专业课"脉冲技术"。他的课非常精彩，至今难以忘怀。

在何老师的亲力亲为下，浙江大学无线电专业教学质量在全国同类高校专业中名列前茅，毕业生深受社会的广泛好评。中科院院士、著名航天专家、嫦娥探月卫星的总设计师、火星探测工程的总负责人叶培健，就是浙江大学无线电技术专业的杰出代表。

1963 年，我本科毕业留校担任无线电专业的教师。何老师对年轻老师能力的培养有一套科学的严格的计划。至今仍记得我报到时，何老师与我言简意赅的谈话，55 年前的情景现在回忆起来还是那样清晰和亲切。他要我努力过好几个关口——科研关、实验关、助教关，还要我尽快过好英语关（因我们当时学的外语是俄语）。他布置我先参加他亲自挂帅的 LM-3 电子计算机课题科研项目。一年以后他安排我当张德馨老师的助教，派我单独下厂带领毕业班的毕业实习和毕业设计。在他建议下我死啃了英语，坚持阅读英语参考书。作为当时的一名青年教师我感激何老师对我的严格要求和培养，自己感到在何老师的带领下进步很快。即使在十年"文革"期间，浙江大学还是坚持"980""500"等国防科研项目。"980"项目是拍摄原子弹爆炸过程的高连摄像机研制。其中有一个子项目是所摄胶片的判读仪研制，我参加了判读仪的总体逻辑设计和关键电路板的研制，取得了成功。"500"项目是国防科工委的振动测试台的科研项目，我是其中电子测试仪的研判负责人，此项目也取得了成功。作为年轻教师能参加重点国防科研项目，说明我在何老师的培养下科研能力得到了很快的提升。在何老师的领导、培养下，我的教学水平提高得也很快。改革开放年代我较快地成为博士生导师，承担了重要的科研项目，并先后获得了包括国家级和部委级在内的多个奖项。总之，我的成长轨迹渗透着何老师对一名年轻教师的关爱。

现在我也已步入耄耋之年，回忆起何志均老师我难免两眼湿润。何老师是共和国老师队伍中的脊梁，他的精神是永存的，他的继承人正遵循他的遗志创造出辉煌的业绩，把祖国的科教事业推上新的台阶。

● 顾伟康（右一）与何志均老师合影
（拍摄于 2003 年 9 月）

一代宗师　人生楷模

（张德馨）

何志均老师知识渊博，业务能力强。1953年我从浙江大学电机系毕业留校任助教，当时何老师兼任系教学秘书。他分配我辅导电工测量的实验课，并布置我设计一个测量磁场强度的实验，且教导我要增强实践动手能力，我始终遵循力行。同年11月初，何老师派我到清华大学电器专业研究生班学习，1956年夏毕业回浙江大学电机系电器教研组继任助教。当时我还与何老师住大U二楼的同一寝室，记得何老师床前并排的双斗课桌上高高堆满了书本。在电机系，何老师授课的面很广，电工原理、工业电子学、高电压工程、电磁场理论等课都曾讲授，且兼首任校科研科科长。

1957年何老师等人筹建无线电系，设无线电、半导体、电真空三个专业。无线电专业下设无线电教研组和自动远动教研组，我被调到自动远动教研组任助教。当时人员、设备都奇缺，何老师在工作上兢兢业业，不分日夜，带领我们埋头苦干。

1963年自动远动教研组并入无线电教研组，无线电系迁到浙大三分部（原之江大学旧址）。何老师是无线电系系主任兼无线电教研室主任，他分配我讲授测量技术课程和实验。我受何老师的教导，在课余和寒暑假抓紧科研，以仅有的晶体管分立元件，改进十进计数器机理，提高分辨率。当时刚好有一次全国电子学会议，但受名额限制，只好由何老师参加代讲，并取得好评。在此基础上研制成的高频脉冲频率仪在全国高教科研成果展览会上展出。

何老师是计算机前沿科学的开拓者和创业者。为了填补我国在计算机等新技术领域的空白，1973 年何老师又投入了组建计算机专业的工作，我也被转入计算机硬件教研组。1978 年成立计算机系，何老师是系主任，他把身为普通教师的我任命为副系主任，我深感负重，唯求力行。何老师十分重视专业的拓新和发展，他陆续邀请国内外专家来校讲学和评审研究课题。其中，有国防科大计算机系胡守仁教授、中科院计算机技术研究所魏道政研究员以及从美国来的专家等。讲学结束，何老师总要在家宴请来宾。当时市场上食品供应短缺，何老师夫人薛艳庄老师（时任杭州大学生物系主任）亲自全力投入，烧煮一大桌美味佳肴。有一年冬天，还把家中仅有的准备过年用的坛装醉鸡都奉献上桌。宾主谈笑畅饮间，薛老师还在厨房忙于烧煮。有一次宴请结束，薛老师体力不支，竟累倒在床上了。作为贤内助的薛老师配合何老师为浙江大学计算机领域的发展做出了默默的无私的奉献。

何老师在事业上不为名、不图利，初心不改，育人不悔，致力于培养年轻人才。在无线电系时，何老师负责讲授无线电技术基础课程。他广阅中外文专业书刊，认真编写了"无线电技术基础"讲义，有些章节还在教研组内做学术讲授，听课的教师都感到讲义内容充实、推理严密、逻辑性强，受益匪浅。另外，20 世纪 90 年代初，何老师曾亲自告诉我，有报刊记者到访他家，希望撰写有关他在计算机前沿学科创建和发展的事迹。何老师推辞了，并告诉记者可以找我了解，写些有关战时浙江省立联合高中校长、爱国教育家张印通的事迹，再不写就将失传了。此举可见何老师的高尚为人，令人敬佩。

结缘人工智能的深厚情谊

——深切怀念何志均教授

（蔡自兴）

多年来，每当新春佳节来临时，我总是能收到何志均、薛艳庄教授伉俪寄来的新年贺卡或信件与照片，以此交流一年的收获与感受，通报生活和健康状况。在收到这些最好的新年礼物时，我和老伴都感到格外亲切与可贵，高兴与感动。

2016年7月下旬，我到加拿大温哥华出席 IEEE 计算智能国际会议，见了浙江大学吴朝晖校长等几位浙大朋友。当我问及何志均老师的情况时，他们沉默了一会，然后沉痛地告诉我：何老已于2016年6月2日仙逝。这个噩耗给我极大震撼，使我感到非常悲痛！这是何老全家、浙江大学、全国计算机与人工智能学界的重大损失，也是他的学生以及受过他关怀与教导者的莫大损失。

何志均教授是一位有杰出贡献、德高望重的科学家和教育家。他在我国带头开展图像处理和人工智能研究，悉心培养大批优秀学生，无私提携许多中青年人才，以热忱、真诚、平等、谦逊的态度对待同事、学生和朋友，堪称一代楷模，是一面高高飘扬的旗帜。

人工智能学界的得力领导者与组织者

在人工智能学界，何先生是我国人工智能的学术带头人与开拓者。他以满腔热情投入国内人工智能学术组织的创建工作，做出了不可磨灭的突出贡献。

中国人工智能学会（CAAI）是我国人工智能学科的全国性学术组织，是在十分困难的条件下成立的。他积极参与学会筹备工作，当选为中国人工智能学会第一届常务理事（1981.9—1987.4），大力支持秦元勋理事长的工作。

何教授高瞻远瞩，明察人工智能对发展软件工程的重大促进作用。为了发挥这种作用，实现人工智能与软件工程的深度交融，他于1986年5月牵头在北京成立中国软件行业协会人工智能协会，亲任会长，开展各项卓有成效的科技交流活动。

着眼于实现我国人工智能工作者的大团结大合作，他与吉林大学王湘浩教授等密切合作，筹建中国人工智能联合会议（CJCAI）。1990年7月在长春吉林大学举行CJCAI第一届会议，何志均教授为会议主席团成员；1992年11月在杭州浙江大学举行第二届会议，何志均教授和李家治教授为会议（联合）主席。

中国计算机学会人工智能与模式识别专业委员会是由王湘浩教授和何志均教授牵头创办的，在国内外人工智能与模式识别界具有很高的知名度与很大的影响力。在第一届专业委员会主任王湘浩院士辞世后，1993年何教授当选为第二届主任，接过旗帜，继续前行，为该专业委员会做了大量求真务实的工作，使中国的人工智能与模式识别学术活动开始与国际接轨，推动了该专业委员会的发展。

何先生还全力支持王湘浩院士组织的中国高校人工智能研讨会，为人工智能在我国高校乃至全国的传播与发展呕心沥血，献计献策。

我在参与上述人工智能学术组织活动时，深刻感受到何志均教授对我国人工智能学科的发展做出的卓越贡献。

缘于人工智能学会活动建立诚挚友谊

在何志均等教授的关爱与指导下，我与何老的学生、浙江大学朱淼良教授于 1987 年成为 CAAI 第二届常务理事（1987—1992），协助涂序彦理事长工作。1986—1988 年我赴青岛、大连、庐山，3 次出席中国高校人工智能研讨会，发表论文报告，与包括浙江大学在内的同行交流，向他们学习。1987 年 9 月，在傅京孙院士悉心指导下，我与清华大学计算机科学系徐光祐教授合著的《人工智能及其应用》在清华大学出版社出版。何先生看过该书后给予充分肯定，并在他 1993 年担任中国计算机学会人工智能与模式识别专业委员会主任时，提名我担任该专业委员会委员。我虽然担任过国内外许多学术职务，但我最看重这个由何志均主任提名的专业委员会委员职务。25 年来我仍然保留这个委员职务，成为资深委员，经常出席该专委会的会议，尽享与同仁们相聚的快乐。

1993 年 7 月由我牵头筹备成立的 CAAI 智能机器人学会，浙江大学积极参与，何教授委派他的学生朱淼良教授参加各项筹备活动。朱教授当选智能机器人分会副理事长，并从此长期为该学会（后更名为专业委员会）做出重要贡献，包括承办 1998 年 5 月在杭州举行的中国人工智能学会第三届智能机器人学术研讨会。这次研讨会我担任会议主席，朱淼良教授担任会议副主席兼组织委员会主席。何教授领导的浙江大学人工智能研究所为本次研讨会的成功召开做出了全方位的重要贡献。

1995 年在张家界召开第二届中国智能机器人研讨会，我邀请何志均教授出席。他在 1996 年新年贺卡上写道："谢谢你去年邀请我到张家界开会，因事务忙碌不能前往。"

通过这些学术活动，我与何志均教授建立了诚挚友谊。

缘于人工智能论著交流发展真诚友谊

1987 年我与徐光祐教授合著的《人工智能及其应用》出版后，何先生不仅对该书给予充分肯定，采用该书作为教材，还与我们交流了重要的国外人工智能著作，供双方科研与教学参考。何教授委托朱淼良教授，请浙江大学人工智能研究所秘书给我寄来 1992 年第二届 CAAI 会议论文集，并在该论文集的扉页上方亲笔书写"蔡自兴教授指正，何志均，1992.11.24"。这些图书都保存在中南大学"蔡自兴图书室"，长期供师生参考和纪念。

何教授 1992 年 5 月来信，谈及 1992 年 CJCAI 征文问题：

"CJCAI（1992）会议，原定在我校收集稿子并初审以后，带到北京，由几个学会联合审查定稿。你的助手唐少先博士寄来一稿，虽已过截稿日期，刚好我们这里俞瑞钊教授和王申康副教授原定去北京的机票未订到，推迟了两天去北京，因此来得及收到带去。现在他们都已回来；这篇稿子在北京审稿时，原来感到不够具体，不能决定是否收录入论文集。后来我们去的人提出，浙大作为主编在五月底收集到所有修改稿以后，给浙大三到四篇决定的机动权（这些都不是浙大自己的论文），因此发出了定稿通知，要在 5 月 20 日前寄回包括录入磁盘等。但是希望你和唐少先博士把论文内容（特别在实现方面）写得具体一点，因为这要在文集中印出来，也很可能使你的大作生辉。"

从这段话可知，我们的应征论文收到后虽然已过截止时间，但仍然由浙江大学的评审专家带去北京参评。作为主编单位的浙江大学要求保留三四篇机动论文的决定权，但这些机动权不给浙江大学的作者。何教授还从爱护的角度对我们的论文提出具体修改建议。我从字里行间看到何教授坚持原则、严谨求实、大公无私和乐于助人的高尚品德。

何教授在这封信中还指出：

"这次北京审稿，特别要求具体。我们研究所一位老师的两篇稿子也被 discard（拒绝），其实他这两年来在国内一级的自动化学报上有多篇论文被录用，在国外，*Data & Knowledge Engineering* 杂志上也录用过一篇，在我们这里算是发表论文上拔尖的。也许这次他也因写得简略了一些，但由于是我们自己（研究）所里的人，我们去北京的人也不便为自己争取。"

何教授要求我们正确对待论文"被拒"问题。特别令人感动的是，在出版的 CJCAI（1992）会议论文集中，唐少先的那篇论文被录入了，而作为第一作者的浙江大学人工智能研究所的那位老师的论文却没有收入。唐少先和我的论文《一个基于知识的模仿心理模式系统及其应用》，在修改时认真落实了何志均教授的指导性建议，用了一半篇幅比较深入地介绍了本方法在鞍钢网络——90 分布式智能控制系统中的应用。何教授和他的学生们在这次论文评审与录用上的作为，是他们光明磊落、不计个人得失的生动写照。

何教授一直关注我的人工智能研究和教学。1992 年 9 月至 1993 年 3 月，我作为高级访问学者到美国纽约州伦斯勒理工学院（RPI）和 NASA（美国国家航空航天局）太空探索智能机器人研究中心研究智能机器人学。何教授于 1992 年 5 月来信鼓励说："下半年你去美国研究工作，祝你取得重大研究进展。"

这次访美期间，我购买了 P. H. Winston 教授新著英文教材 *Artificial Intelligence* 第三版（1992 年），带回国内。我复印了正文各章寄给何教授参考；他收到后表示感谢，并希望我把 Winston 书中的 Bibliography（参考文献）和 Index（索引）补寄给他，"以得完整"。我们互寄英文著作，他也给我寄了 E. Rich 教授编著的英文人工智能教材，供我编著人工智能教材参考。

我还收到 1994 年 11 月在杭州举行的 CAAI 全国第八届人工智能学术会议论文

集。论文集主编为朱淼良、潘云鹤，大会主席团成员有何志均等 15 人，而程序委员会委员为蔡庆生、蔡自兴等 20 人。

借助专著、论文集和论文交流，我与何志均教授发展了真诚友谊。

缘于人工智能教学共同培养人才

1994 年至 1997 年，我与何志均教授互评所指导博士生的博士学位论文。其中，仅 1994 年就寄来 3 篇博士学位论文，由我评审。

1994 年：鲁东明的博士学位论文《工程化、实用化的知识库技术研究及应用设计》是在何教授的直接指导下完成的。本研究是何志均教授主持的国家级科研项目"智能系统开发环境、大容量知识库系统及其工程化与实用化研究"的重要组成部分。作者提出的知识库技术工程化、实用化研究与应用的方法论等创造性成果，在当时达到国内领先和国际先进水平，对总体课题及其后续研究起到很大的支持作用。这是我当时评审的一篇水平比较高的博士学位论文。从这篇博士学位论文可知，鲁东明在攻博期间撰写与发表了 20 篇论文，博士学位论文的参考文献共 208 篇，包括国外参考文献 181 篇，近 5 年文献 147 篇，约占全部参考文献的 71%。

1995 年：由何志均和朱淼良两位教授共同指导的吴春明的博士学位论文《基于多智能体的分布式智能机器人体系结构研究》，研究并实现了基于多智能体的分布式智能机器人的体系结构，建立了智能机器人的实验平台，并对此体系进行了验证，所提出的智能机器人体系结构的模型性能具有实时性、可靠性、适应性和鲁棒性。这篇论文具有国内外先进水平，可供其他研究者学习借鉴。在攻博期间吴春明撰写与发表了 15 篇论文，其中 ISTP 收录 3 篇，其他国际会议论文集 5 篇，计算机学报 1 篇。

以上博士学位论文均属优秀，说明了何教授对学生的严格要求以及他的学生们的进取精神与丰硕成果。

何教授当年培养的这些博士生现在已个个锻炼成为栋梁之材，为国家做出重要贡献。联想到潘云鹤、吴朝晖、朱淼良、庄越挺、叶澄清、陈纯、高济等一大批何教授的优秀学生，何志均教授已是桃李成蹊，而这些满园桃李又为祖国的春天增光添彩，彰显出何志均教授的大师形象。

何教授在百忙中经常关心我的教育与教学活动，对我的微小进步都表示鼓励。例如，2007 年 11 月中南大学举行"庆祝国家级教学名师蔡自兴教授从事信息科学研究 50 周年暨从事高等教育 45 周年座谈会"。何教授和夫人薛艳庄教授在 2008 新年贺信中写道："庆贺'从事教学科研 50 周年'，祝愿为中国的信息与智能科学继续做出更大贡献！"十年过去了，我没有忘记他们的殷切鼓励与期望。

缘于人工智能教学和人工智能人才培养，我们的友情越发深厚。

感人至深的顽强态度与乐观精神

2012 年新年，我和夫人再次收到何教授和薛教授伉俪的新年贺信。在致以亲切的新年祝贺后，来信报告了何老的健康情况。

前两年，两位医师分别对何老做出了脑积水和帕金森病两种诊断。在治疗脑积水时，先做辅助性手术"脊椎穿刺"，不幸医师在手术中擦伤了他的神经。神经外科主任怕高龄老人脑结构复杂，不敢开刀治疗，只得作罢。这次手术导致何老不能下蹲，洗澡和洗脚都要靠他人帮助，严重影响身体行动。为保持平衡，他走路要靠框架轮椅助步行动。天气晴朗时，两位陪护搀扶何老下楼，带上滚动步行机在小区里走一段，坐下休息一会，总共锻炼一小时左右；雨天只能用滚动步行机在室内锻炼。

何老患有白内障，因年龄过大，不敢开刀，所以阅读书报都感模糊不清，看电视也是如此，只能知其大概。他的"耳聋"老年病，使用助听器也不解决问题；看电视，听电话都感困难。此外，他患有帕金森病，需长期服药治疗。

读着来信，倾听老人家平静的倾诉，我们既感到非常心痛，又受到深刻教育。何志均教授在九十高龄，身患多种严重疾病，包括脑积水、帕金森症、老年性白内障、老年性耳聋，还因手术事故伤害神经，行动不便。作为他的朋友，我们深为挂念与痛心。何教授能够以十分乐观的态度与疾病进行顽强的斗争。他还每天坚持学习，读书看报，收看电视，并靠框架轮椅走步锻炼一小时。就连身体健康的年轻人都难以坚持的"每天一小时运动"，我们敬爱的何老却做到了！这种与疾病顽强斗争的态度与乐观精神，值得我们每个人学习。

为了铭记何志均教授对我国人工智能事业的重要贡献，从《人工智能及其应用》第2版起，我们在"前言"中，深情地提到值得感谢的"何志均"教授的大名。我在2016年撰写并在中国科协主办的《科技导报》上发表的《中国人工智能40年》文章中，在提到中国学者对人工智能的贡献时，也没有忘记何志均教授的功绩。何志均教授的名字与丰功伟绩应该载入中国人工智能史册，永放光芒！

何志均教授是一位深受我国高校广大师生和国内外同行爱戴的计算机科学、人工智能学科带头人和教育大师。何教授贡献巨大、位高品优、朴实无华、以诚相见、严以律己、宽以待人、平易近人、无私奉献，是我们这一代人和广大青少年的学习榜样。

让何志均这面热爱祖国、崇尚科学、淡泊名利、为人师表和激励后进的光辉旗帜永远高高飘扬！

何志均教授和他的光辉业绩永远铭记在我们心中！

蔡自兴，男，福建莆田人，汉族。1962 年 7 月毕业于西安交通大学机电工程系工业电气自动化专业。已从事自动控制、计算机科学技术等教学和科研工作 50 年。联合国专家，国际导航与运动控制科学院院士，纽约科学院院士，首届全国高校国家级教学名师。2009 年荣获徐特立教育奖。2014 年荣获吴文俊人工智能科学技术奖成就奖。2016 年获得 IEEE Fellow 称号。我国智能系统、人工智能、智能控制、智能机器人专家，被誉为"中国智能控制学科的奠基者"和"中国人工智能教育第一人"。

历任湖南省政协第七届委员会委员、第八届委员会委员、常委、副主席，全国政协第九、十届委员会委员，民革中央第九、十届委员会委员，第十届常委，民革湖南省第八届委员会委员，第九届委员会委员、常委，第十届委员会委员、常委、主任委员，第十一届委员会名誉主任委员。

深切怀念何志均教授

志在开创计算机器

均为发展人工智能

第八届湖南省政协副主席 乔自兴

二零一八年三月吉日

缅怀我的恩师何志均老师

（叶澄清）

敬爱的何老师，离开我们转眼快两年了，但他的音容笑貌却经常浮现在我眼前。他倾尽一生创建了浙江大学无线电系和计算机系，可以说没有他就没有无线电系和计算机系的今天。而我直接受恩师的教导，追随他数十年，没有他就没有我的一切，特别是老师带领我们创建计算机系的往事更是历历在目，让我永生难忘！

要追溯何时结识恩师，是60年前的1958年。我是1957年考入浙江大学电机系的，入校一年级就读电机制造专业，但次年（1958年）就转入无线电技术专业。何志均、张毓鹍、阙瑞麟、姚庆栋和周文等一批老师为跟踪世界前沿科技发展，率先在我校建起当时属于前沿的多个先进专业，无线电技术、半导体、电真空和自动远动等。这就是从电机系脱颖而出的新的无线电系的诞生。除了无线电技术专业于1957年在电机系招新生外，其他几个新专业的学生都是从电机系各专业的一年级新生中抽调到各专业就读的，而何老师就担任了新生的无线电系首任系主任。我也幸运地从电机系电机专业被抽调到无线电系自动远动专业就读。这是我最早知道的何老师。但当时何老师兼无线电技术专业的主任，我就读的自动远动专业具体负责的是姚庆栋老师，我真正开始追随何老师是在1960年。当时国家处于困难时期，各条战线调整压缩，自动远动专业停办，我最终在1960年正式转入无线电专业，这时我真正成为何老师的学生。当时我们大学本科学制五年，前三年基本上是学数理和电工的基础课程，一到无线电专业，何老师就亲自为我们教授无线电技术基础课程，并为我们制订了大量无线电专业课程的特殊教学计划。在一年多的时间里，他为我们开设了多门无线电专业核心课程，并组织系里教学经验丰富的老师授课，如戚诒孙老师上发送技术，张毓鹍老师上电磁场理论和天线原理，荆仁杰老师讲晶体管原理，刘润生老师讲接收技术，等等。可以说，何老师给我们恶补无线电专业课的深度和广度是空前的，为我们在20世纪60年代初进行毕业设计打下了扎实的基础。

早在世界上第一台计算机诞生后，何老师就开始关注这一新生事物。他在建立无线电教研组时，就考虑跟踪世界最先进的科学技术：先调1954级的周肇基提前毕业，并派他到北大进修和参与当时我国最早的北大红旗计算机的研制。到我们1961年开始毕业设计时，就由何老师领导并抽调周肇基、蒋霞雯、陶欣（刚从清华自动化系毕业后调至我校）、林茵等老师组成无线电技术专业中的计算机专门化小组，并具体指导我们近十位同学开始研究计算机技术。当时的毕业设计小组中，我们研究计算机的组是人数较多的一组，足见何老师是多么重视计算机这一新生事物。这也是我校最早触及计算机研究的队伍。而我也有幸从1961年开始学习研究计算机，从此以后从事计算机教学科研40余年直到2002年退休。还记得当时我是第一次知道用电子管器件构成的触发器能代表一位二进制码，它的两种状态分别表示二进制中的0和1。我还记得我的毕业设计题目就是设计计算机的一个操作码部件。不同的二进制数代表不同的基本操作。当时何老师对我们毕业设计的要求还是很严格的，不仅要在纸面上画出设计原理图和部件逻辑图，还要能够将电路搭出来具体演示。当时，我们只有用刚学到的脉冲技术，搭建成触发器并按逻辑图构建成具体部件，用氖灯红绿点亮不同的操作码才好答辩。这也是后来我系对研究结果的一贯做法。何老师对于毕业答辩也是非常重视。还记得我毕业答辩的主答和评阅老师不是我们本系而是电机系工业企业电气化的权威教授王懋鋆。这个良好的惯例一直沿用到后来我主持系工作时，我们系的硕博论文，都要请外系外校评审，还要请极有声誉的学校如北大、清华、国防科大等评审。这也是何老师在办系初创时期定下的严谨的作风。

1962 年我毕业那年，正值困难时期，在当时无线电系初创时期师资严重缺乏的状况下何老师却对计算机的研究增强了力量，我有幸留校专职研究计算机。并充实顾伟康等新生力量研制 ZD-1 型第一代电子管计算机，这和世界上第一台计算机诞生，国内首台计算机建成相距没几年，足见何老师是多么有前瞻性。何老师将我们这个计算机研究小组作为组建计算机系的骨干力量。

何老师十分注重师资力量的建设。建系之初何老师除了引进外校教师，对新生力量的重视也是罕见的，他大胆留用了大量的 1969、1970 级毕业生，如本系（当时的无线电系）的黄剑锋、余扬狱、王臻殚、钟美清、朱桂林、祝王飞等，以及外系外专业的（数力系、机械系、化工系），如杨长生、潘雪增、平玲娣、董金祥、卢华云、高平等 10 多人。当时也有人担心这么多同届不同专业的人同时进系将来升职都成问题。可何老师看得比较远，他的一贯做法是压担子，在实践中边干边学，将他们分别安排在科研、教学、实验室、管理等不同岗位，发挥他们各自的特长。后来的事实证明，他们都取得了巨大的成绩，都成为我们系初建时期各方面的中坚力量，后来都成为我系的骨干力量。这充分证明何老师具有不拘一格用人、充分信任年轻人高尚品德。这也是我们系一直充满活力、朝气蓬勃的先天因素。

办好一个系的关键是建立一支优秀的师资队伍及一整套相应的管理队伍。何老师不仅着力培养我们这些土生土长的浙大本校毕业学生，而且多渠道引进各种人才充实师资队伍，如从华北计算所引进浦树良、李赣生、王华民，从华东计算所引进朱金英，从清华大学引进蒋霞雯、戴平湖，从北大引进俞瑞钊、胡希明、曾抗生，从上海交大引进王品常、董大象、徐华英，从西安交大引进李菊初、从西军电引进徐毓良、王芷芯，从上海科大引进石教英，等等。这些来自国内著名高校、研究院所老师的加入，使我系能集众家之所长，是非常高明有远见的。何老师不拘一格重用人才还有许多生动的例子，如为加强电子学教学实验力量，引进当时还在校机械工厂劳动的洪效训，引进苏州半导体厂的戴平湖（毕业于清华大学，师从当时全国最著名的电子学权威孟昭英）；还有调入我系自学成才的毛德操，浙江省计算所的门素琴，等等。他们在各自专长的岗位上（机房建设、实验室教学、科研管理、对外学术交流、主导计算机学会社会影响等方面）所发挥的作用获得了众人的赞扬。

何老师的超前思想也体现在研究生培养上的超前意识。记得 1978 年开始恢复研究生招生时，根据我们系初创时期的状况，无论是师资力量还是设备条件都很难具备招生条件。但何老师还是突破常规招进了潘云鹤、王申康、孔繁胜、朱淼良、高济等首届硕士生。他们后来毕业留校，都成为我校我系的领导领军人物。可以说何老师在创建系的过程中特别注重人才的培养和集结各方面人才，充分发挥他们的专长，为我系的迅速和茁壮成长起到关键作用。何老师培养出了我们浙江大学两位校长，潘云鹤和吴朝晖，三位院士潘云鹤、陈纯、吴朝晖。

何老师在建系过程中也重视实验设备等物质基础建设。他想方设法通过各种渠道引进国外先进设备，甚至动用了在美亲朋好友给他的资助。记得我在访美学习期间，何老师就曾数次让他加州的亲戚给我寄来数笔款子，好几次让我购买单板机的部件。他还不厌其烦地打电话给我，让我到不同地方、不同公司询价、询功效，为的是以最低的价格买最好、最多的设备。此外他在一次访美时，将节省下来的出访生活补贴用来购买了两台当时很先进的 Cromemco 微型机，潘云鹤等研究生用此计算机完成了很多科研工作，该成果代表当时我国计算机应用的高水平参展日本国际科技博览会。

在我主持系工作时，何老师提出集全系所有科研经费，集中购买当时非常先进的 VAX11/785 计算机，且因数目巨大，还向天津计委以科研成果抵偿百万元。当时大家意见很大，都亏何老师支持，一个个地说服部分老教师，终于买回了该机。实践证明，这是非常英明正确的决策，使我们系一下子成为当时全国少数拥有先进计算机的高校之一，也为我们争取到全国重点 CAD 科技攻关课题提供了强大的实验条件优势，进而为创建 CAD/CG 国家重点实验室打下了坚实的物质基础。关于组建 CAD/CG 国家重点实验室，也使我想起何老师的独特想法。一般论证会总是在本校召开，但当时何老师却建议我们直接到北京开。这给我们筹备会议带来了巨大困难，还记得当时系办公室主任高平单枪匹马提早到北京师大操办会议用房、用车和食宿接待等事宜是何等辛劳。但何老师认为在京开更好，除了主管国家计经委领导可就近到场外，更可请到中科院计算所、清华、北大、华北计算所等的顶级专家（如中科院计算所吴几康、清华唐泽圣、华北计算所方家骐等）莅临指导，影响更大。事后清华唐泽圣称赞道，"你们浙大是厉害的，将论证会开到了北京，其影响非凡，是个创举"。会议开得非常成功，影响很大，使我校在 CAD/CG 领域获得了良好的声誉。这为我校建成 CAD/CG 国家重点实验室及以后申请国家"七五"重点攻关课题和 CAD/CG 重点学科打下了坚实基础。

以上是何老师在建系重大事项、人才建设、关键设备采购方面的英明决策。

在与何老师的亲密接触过程中，另外有几件事使我终生难忘。一是当时系创建时在之江校区，实验用房也没有，使用学生宿舍作实验室。我们当时也住在称作平舍的学生宿舍实验室旁，而何老师已是系主任，家在玉泉本部，他却也在平舍旁与我们同住，与学生同吃食堂，而且与我们在实验室中挑灯夜战调试设备。

另外一件事是当时我与王品常、黄剑锋在上海计算机厂参加 DJS-131 机会战，征得厂里同意我校计算机学生来厂参观实习，当时学生下厂实习都自带行李。当我见到何老师那么大年纪竟然还亲自带领学生一起下厂，指导学生实习，确实非常感动，因为我们在厂里，完全可以由我们指导学生参观实习，而何老师却一定要亲力亲为，深入工厂与同学一起实地了解计算机生产调试过程。另外，很多细小的事情诸如接待等，何老师总会给我写很多条子详细关照需要注意的关键事项。我深感何老师不仅在建设我系重大决策上高瞻远瞩，把握方向，抓住重点，为系的发展掌舵把关，而且在具体事务方面也是细致周到，从而使我系比较顺利地快速发展。综观我院目前取得的辉煌成就，缅怀何老师一生的光辉事迹，将鞭策我们发扬他的优良作风，将他开创的事业越做越好。

无私奉献　育人楷模

（董金祥）

1972 年，我从浙江省内务局回到了浙江大学，学校将我安排在校政工组任职。由于本人希望能在专业技术上有所发展，就去找当时浙江大学数学力学系领导，要求安排我在该系工作。那时，计算机技术的研究已在国内兴起，数学力学系的计算数学专业专门化方向的几位老师发起筹建了电子计算机教研组。由于该教研组是由几名计算数学老师和刚从农场回到学校的十多名年轻毕业生组成，缺乏师资，我就被落实到该教研室任教。教师队伍均不是计算机科班毕业，师资力量薄弱，无法招生授课。1973 年，何志均老师向学校提出组建计算机教研组，学校决定将数力系筹建的电子计算机教研组的教师合并到三分部的无线电系正式建立计算机专业，何志均为教研组主任和学科带头人。计算机专业于1973年正式开始招收学生，从此我到三分部上班，开始认识何志均老师。

何志均老师很清楚要办好一个专业或一个系，必须要建立一支高素质的师资队伍。他从两方面出发：一是将现有的师资队伍提高专业水平和素质。何老师亲自将十多位年轻教师集中起来给他们补专业基础知识和外语，在他的精心培养下，这一批年轻教师后来都成为计算机专业的骨干教师，在教学、科研和实验室工作中起到了重要的作用。二是从国内引进人才。在当时人事制度严管的情况下，何老师千方百计从国内高校和研究机构引进了一批高水平的师资。到 1978 年，浙江大学计算机系成立时已初步建成了较为齐全的师资队伍。计算机系成立后我就担任了系的科研和研究生秘书，从此受何老师直接指导和精心培养。这是我一生的大幸，他渊博的知识、超前的创新思维和无私的忘我工作精神、高尚的人格品质，深深地影响着我，我能有今天全因有缘遇见何老师这样一位好导师。

1973 年，计算机专业招了第一届学生，何老师希望能将计算机的第一批学生培养成国内的计算机优秀人才，精心地制定教学计划。当时美国的计算机科学与技术的教育远领先于国内，他参考了当时美国一流大学的教学大纲，又根据入学的学生基础，制定了切实可行的教学大纲。那时"文革"还没有结束，学生们听到这个教学大纲是参考"美帝国主义"高校的教学内容制定的，部分学生在极左思潮的影响下，组织批判何老师的"资产阶级"教学大纲。在巨大的压力下，何老师仍然坚持高标准安排教学课程。那时我与刚从上海科大调来的石教英老师一起带学生的实践课，同时我也接触和学习了无线电电路知识。在这一段时间里何老师不断给我提供有关计算机系统和软件的教材。随后我就开始带 1974 级的学生毕业设计，给 1975、1976 级的学生上了多门课程（程序设计基础、计算机编程技术、汇编语言、数据结构、离散数学、线性代数等）。周炳生老师给 1977、1978 级学生上线性代数课时，我上习题课，通过上课大大地提高了我的计算机基础知识和专业知识。

1978 年，何老师招收了计算机系第一批硕士研究生，研究方向定为人工智能，由于我是研究生秘书，故有机会随同这一届研究生聆听了何老师的课程，这不仅提高了我的专业知识，同时也提高了我的英语水平（我大学时学的是俄语，英语全是自学的）。何老师始终在跟踪国际上的计算机科学和人工智能的发展前沿。浙江大学图书馆外文书库中的计算机类书籍他全都阅览过，只要有新的外文书到，外文书库管理员李志明老师会及时通知何老师，同时何老师也会通过外文书库的于湖滨老师订购浙江大学相关外文书籍和原版教材。何老师常常会将图书馆最新的计算机书籍如 *Minicomputer Systems (organization, programming and applications) (PDP-11)*, *The Design and Analysis of Computer Algorithms*, *Artificial Intelligence*, *Data Structure* 等拿到我家中，让我阅读学习（在何老师的影响下，我也成为外文书库的常客）。那时还处于"文革"中，住在集体宿舍的教师们仍然热衷于打牌，我已在何老师的指导下专心地啃读相关计算机专业的英语原版书籍，周围还有不少老师笑话我大热天在看书。在我英语水平很差的情况下，何老师还是要我采用原版英文教材 *Minicomputer Systems* 给 1979 级学生开课，这给我很大的压力。何老师用这样的方法让我快速提高英语计算机基础知识和水平。通过这门课的教学，我深深地体会到，人的能力是通过实践压出来的。此后，我在本科生和研究生的教学中一直采用英文原版教材给学生开课，并且及时更换新教材。随着英语水平的不断提高，我通过了国家高校出国人员英语水平考试，有机会获得了国家公派访问学者资格去美国南加州大学计算机科学系进修，随后又获得包氏基金资助去加拿大科学院进修。这全得益于何老师给我以施压式的精心指导。

何老师非常重视教材建设。他一方面在出国时带回当时美国著名大学的计算机系采用的教材或让在国外的人员购买相应的教材，同时也会通过学校外文图书采购员订购相关的教材。这使得浙江大学计算机系在本科和研究生教学上较多采用英文原版教材，教学质量始终处于国内前沿。

一贯具有超前、创新和冒险精神的何志均老师在考虑问题时始终是如何将浙江大学计算机系建设为国内领先乃至国际一流。为了在计算机系建立一个国内最好的教学和科研环境，具有非常规思维的何老师不考虑个人可能要承担的巨大风险和压力，千方百计筹措资金，从国外购买高端的计算机系统和图形处理设备，在较短的时间内使浙江大学的计算机学科具有国内一流的教学和科研支撑环境，其多个研究方向的研究水平和研究成果处于国内领先，国际先进水平。说到这里，我回忆起至今仍感到"惊心动魄"的两件事，它对计算机系的高速发展起到关键作用。

20世纪80年代初，何老师梦求计算机系有一台高档的小型计算机VAX11/785，而全国任何一所高校的计算机系都没有能力购买这样高档的设备。1982年，曾任浙江大学校长的陈伟达同志时任天津市委书记，希望浙江大学能在科学研究和成果的转让上与天津市进行全面合作。在陈伟达书记的邀请下，杨士林校长带领浙江大学一支队伍访问天津探讨合作。在陈伟达书记的直接参与下，天津市的相应局与工业部门和浙江大学的相应系科对口探讨全面合作。何老师向天津市计算机公司领导介绍了浙江大学计算机系的情况和几项科研成果。天津市计算机公司领导也到浙大参观和考察了浙江大学计算机系的科研情况，希望其中两项科研成果能转让给天津，在天津实现产业化。天津方问何老师"计算机系需要解决什么问题"，何老师的要求是"希望天津市能提供经费给浙大计算机系购买一台VAX11/785高档小型计算机"。VAX11/785当时的价格为44万美元，那时我们的工资才几十元，尽管当时的美元和人民币的比价为1∶3.8，但购买该计算机仍需要约170万元人民币。经过与天津市计算机公司领导的谈判（我也参与），双方达成一致：天津市计算机公司借给浙江大学计算机系100万元人民币，由计算机系的科研成果转让费偿还。浙江大学与天津市签了一份科技成果转让和向天津市计算机公司借款100万元人民币的协议书。100万元很快转入浙大，再经过多渠道的经费筹措，终于筹到购买VAX11/785的资金170万元。我和郑纪蛟一起找中国银行外汇调剂部的王彩珍购买44万美金，那时要购买这么一大笔美金也是一件很困难的事情。一年多过去了，VAX11/785也买了，但我们科研成果的转让没有落地，没有获得一分钱的成果转让费，天津市要浙大还100万元的借款。我们在买VAX11/785时已向学校借了钱，现在还欠天津市100万元，这时何老师承受着很大的压力，学校也承受了资金短缺的压力。经过和学校领导的反复协商，由学校先还天津市100万元，以后由计算机系的科研经费不断地偿还给学校。由于有了VAX11/785计算机系统实验室环境，计算机系的科研和学科进入了一个高速的发展期。1986年，就是因为有了这样高档的计算机系统，我们成功获得了机械工业部的"七五"重大攻关项目"基于UNIX的机械产品CAD/CAM支撑软件系统的研究开发"，获得了280万元经费资助。这不但使计算机系在经费上走出了困境，而且使计算机系在计算机辅助设计与图形学的研究方向上处于领先地位，并得到国内同行的公认。与此同时，国家计委决定在浙江大学建立"计算机辅助设计与图形学"国家重点实验室，1988年得到国家重点扶持专项经费600万元。浙江大学计算机系在人工智能、计算机辅助设计与图形学等学科进入了高速发展时期，并处于国内领先地位。

1991年，正是"八五"期间开头年，国家"863"计算机集成制造系统（CIMS）主题发表"集成化产品设计系统研究开发"课题招标书，拟投资600万元，在全国招标。当时有两家单位竞标，一家由我们跟航天部合作组成，以我们为主；另一家是北京航空航天大学。我们集中了科研团队中的一批骨干，在北京封闭式工作一个多月，制订了详细的高水平标书。在国家科委主持的招标会上，评标专家组评审结果：两家标书方案各有所长，不相上下；两家各拿25万元，先启动，做一个原型看看，过一年，再做评审。说实在的，要是局限于这25万元，又能做什么呢？何志均老师找到路勇祥校长，要求学校破例贷款。路校长很理解我们的困难和决心，当即破例：贷款60万元，购买了12台计算机图形工作站。我们集中了40人左右，日夜兼程进行攻关，拼命研究开发"集成化产品设计系统"。有竞争、有压力就是好事，鞭策我们不敢懈怠。不料发生了"意外"，还未到第二次评审时间，学校催我们还60万元了。我们这才恍然醒悟：贷款期限一年，转瞬间居然到了，天呐，拿什么还？

国家的项目经费尚未到手，倘若竞标输了，"悲惨"的结局更不堪设想。还不出要扣工资，学校动真格了，已开始扣何老师和我的工资"抵债"了。

1993 年 7 月 30 日，第二次在北京的方案评审会上，我们介绍了"基于产品模型的集成化 CAD/CAPP/CAM 系统"方案，并演示了我们开发的原型系统。同时我们当场表态：如果北航的方案和原型系统比我们好，当然就采用北航的，我们一分钱也不要，如果我们的方案和原型系统比北航的好，我们拿一半就可以了，另外 300 万元还是给北航，大家都需要资金扶持与发展。在何老师的精心组织及与航天部的紧密合作下，苍天不负我们艰苦努力和昼夜奋斗，专家的评审结果是：我们的方案和原型系统略显优势。这来之不易的 300 万元，既激发了我们研发团队的积极性，极大地增强了我们的攻关能力和凝聚力，又拓展了我们的研发团队。经过 4 年的艰苦奋斗，"基于产品模型的集成化 CAD/CAPP/CAM 系统"于 1997 年研制成功，达到了国际先进水平，开发的 CAD 系列软件在 400 多家企业中得到应用，并获国家科技进步三等奖，为我国自主知识产权的软件开发与产业化发展做出了巨大贡献；而为工程数据库研发的新型的面向对象数据库（OODB）的原型，也接近了国外 OODB 的指标。由此，浙江大学又在数据库研究这一国际软件界重要分支上迈进，成为国内数据库研究的一个重要据点，此后不断地承担了国家"863"的多项重大项目和航天预研项目。

何老师高瞻远瞩的创新思维、勤勉奋斗和无私忘我的艰苦创业精神一直伴随着我的成长，也是我们许多教师成长的精神食粮。

● 1982 年，董金祥老师与何志均老师在花港观鱼公园

回忆何老师的培养之情

（朱淼良）

1994 年 6 月，我们在清华大学的主楼前广场上调试我国的第一辆自主式无人车系统。那是一个前瞻性的国家级攻关项目，参加者有清华大学、国防科大、哈工大、北理工、南理工等国内几家顶级的大学研究所组成的攻关团队。我作为浙江大学人工智能研究所代表参加其中的机器人智能体系结构核心技术课题。一天早上，清华大学计算机系系主任上班时与我们聊起浙大人工智能研究所，十分敬佩地说何志均教授培育了如此多的人才，真是功德无量。听何老师介绍，他的经验是一旦条件成熟，就把学生"扫地出门"。想起不久前我组织召开的全国智能机器人学术会议，何老师在欢迎宴会上和与会专家说起我们几位弟子如何成才时，何老师同样说过"我把他们扫地出门"等类似的话。

何老师语出惊人，我听了百感交集。一般来说，学术界惯例是把好的学生留在身边，为自己的科研事业作助手。几年前，何老师领队争取到 200 多万元的国家级大课题，我们很高兴，以为可以在何老师带领下一展宏图。但是何老师托董金祥老师告诉我，项目组中没有我，也没有我们几位留校的同窗。这意味着需要我们离开何老师的团队，独立进行学术研究。当时我的感觉就像小孩断奶一样失望迷茫。据董金祥老师转述，何老师的想法是：因为从研究生开始，我们几位研究方向已经有所分叉，其中潘云鹤的计算机图形、我的图像识别均是热门方向，而且已经有一定的特色，何老师希望我们能够继续开拓，打出新的地盘。道理无疑是正确的，但是我们知道，要发展学科方向，首先要争取到课题，特别是国家级的研究项目，谈何容易。当时国家的科研投入很少，另外，当时浙江大学的声望还不是很高，一些国家攻关项目很难争取到。记得我和陈纯带了几个研究生往江汉平原跑了两年，才争取到江汉油田的一个4万元的横向课题。何老师也知道情况，利用我们已经发表的论文，竭尽所能推荐介绍一些学术机构和组织。于是，在他的努力下，"863"计划邀请我参加了智能机器人专家，全国人工智能学会也接纳我作为学术委员。利用这些头衔，我陆续拿到了国家基金、"863"攻关等国家项目，通过何老师介绍的学术活动，结识了一些全国一流大学科研机构的著名教授，找到了一批志同道合的专家，联合向国家部委提出建议、方案。其中有关"跟踪美国高级国防研究计划署（DAPAR）的'战略计算计划'中的自主式地面车辆技术（ALV）"的建议，受到当时国防科工委领导的重视，立项进行科技攻关。该项目成为我国国防科研的战略性方向，连续立项4个五年计划，共20年。我们浙大人工智能始终是项目核心力量。虽然限于魄力与品性，我没有组织大部队攻关，但是智能机器人无人车技术也成了我们研究所的一个特色方向，在国内占据一席之地，在国际上发表了一些高质量的文章。该方向也培育了一批人工智能方面的学生，他们大都成为智能领域的国家栋梁。

如今我也退休多年，回忆当初，深深领悟何老师的"扫地出门"的战略何其英明，何老师为培育我们成才，用心何其良苦。何老师虽然已经离我们而去，但是"先生之风，山高水长"。何老师高风亮节，永驻我们心中。

忆恩师何志均老师

（王申康）

1978 年是我人生的大转折年。那年召开了全国科技大会，《人民日报》也发表社论要扫除一切阻碍报考研究生的行为。我拿着社论找原单位党委，他们很重视，立刻召开党委会讨论，我在门外候着，他们同意了。虽然他们还是极力地挽留我，但最后我还是决定开始新的征程。

我受恩于何志均老师是从那年 4 月开始的。那年我被允许报考后，立刻给浙江大学研究生科写信联系导师，何老师拿到研究生科的信就给素不相识的我回信了，他告诉我"电工基础"不考了，选考"电子计算机原理"，并希望我准备时注意基础和基本概念。我激动地反反复复阅读，字里行间流露出他的关切和慈爱。这封信我已保存了整整四十年，纸已发黄，但何老师的教导历历在目。

● 何志均写给王申康的信

这是我人生转折的见证，也是我探索人工智能的开始。

何老师是人工智能领域的鼻祖。当时全国只有少数几个大学如清华大学和浙江大学有人工智能的研究生专业。我报考了人工智能研究生专业，在何老师的带领下研究"专家系统"。当时和我一起被纳入何老师麾下的还有四个师弟朱淼良、孔繁胜、高济和潘云鹤。我年龄最大排行老大，最有成就的是老五潘云鹤，是院士，曾任浙江大学校长。

我们在何老师的部署下进军人工智能的各行业应用。何老师充分发挥我们第一届研究生十年的社会磨炼和经验，让我们背着行李参加各种人工智能研究讨论班。在这样的努力下，刚刚成立的浙大计算机系有了科研上的突破，我们和公安部、农业部、纺织部、机械部（仪器仪表总局）等建立了合作关系。

从我 1978 年入学，到何老师 2016 年离开我们，是整整 38 年。在这小半个世纪里，他是严师，是慈父。在学术上，他紧追人工智能前沿，每门课都是他先看

● 1978 年入学的潘云鹤、王申康、朱淼良、孔繁胜和高济

● 王申康与何志均老师合影

原版教材，第二天就给我们讲授。在生活上，他知道我们都是拖家带口的，他把我们的家属一个个安排借调到浙大。他对我说："你家最远，孩子又多，困难大，就先解决你的问题，但是你出国要安排到最后。"在何老师的关爱下，我研究生毕业的第二年，全家从黑龙江搬到杭州，有了稳定的工作和生活环境。我也在何老师的安排下，1987 年在包氏奖学金的赞助下出国访问。在那年代我顶住了国外的诱惑依然按时回国，因为我是何老师的学生，他呕心沥血培养我是希望我能为自己的祖国服务。何老师的五个研究生全部学成回国，这在当时情况下是少见的，为什么？因为我们都是何志均老师的学生。我们没有给何老师丢脸，回国后一个个都挑起了科研、教育上的大梁，弥补了人才的断层，使计算机系得以稳定发展，也为今日我系站在国际前沿奠定了基础。

何老师是教书育人的典范，他不为名、不为利。他指导的学生成果或论文中，总是让学生署名在前，自己排最后。他经常说你们早点成才，将来好回馈教育。他自己一生节俭下来的 500 万元都捐给了教育基金。

我很欣慰的是，2004 年我们为何老师操办了他的 80 寿辰，师兄弟 5 个及家属全聚在一起为何老师祝寿。当我推着生日蛋糕上台时，心情很激动，26 年慈父般的关爱，祝您健康长寿。照片拍得很匆忙，但我就喜欢这一张，老师和师母笑得好开心。师兄弟 5 个的夫人个个都笑逐颜开，洋溢着幸福和满足，她们都是何老师从全国各地老、边、少地区一个个调来杭州的。

忆恩师何志均老师，虽然您没有巨著、没有国家大奖，但您的一生是伟大的一生，光辉的一生。

一个普普通通的教授在 38 年里培育了两任浙江大学校长、三位院士，全国谁人有之！

● 2004 年，为何志均老师操办他的 80 寿辰，我们师兄弟
5 个及家属全聚在一起为何老师祝寿

何老师与学生合影

●1998 年，在何志均老师主持下，计算机系
历年获得"校三育人"荣誉的老师合影

回忆我的导师何志均教授

（孔繁胜）

1978 年，国家决定恢复招收研究生，这为我们已离开学校十来年的学子提供了一个继续深造的大好机遇。我立即骑车来到十余里外的县城招生办查阅材料，在众多的资料中一眼就看到了浙江大学何志均教授的"人工智能"研究方向。说实在的，当时除了自身的业务工作，对国内外科技的发展现状可以说是一无所知，也不了解人工智能确切的研究目标。凭借在大学时读过的诺伯特·维纳的《控制论》一书，隐约感到人工智能是非常有前途的一门新兴学科。于是，就毫不犹豫地在报名表上填写了"浙江大学计算机系人工智能方向"。当年全国高校和科研单位中开设"人工智能"研究方向的仅有浙江大学何志均教授和吉林大学王湘浩教授，在 40 年后"人工智能"大热的今天，足见当年何老师的睿智和远见。选择何老师作为研究生导师成了我人生道路上的重要节点，至今虽已退休多年，回忆往事仍感到十分庆幸。

何老师非常重视研究生基础知识的培养和训练，除了全校性基础课，专业基础课的设立和教材都由何老师亲自选定。老师极力主张我们多读英文原版书，我在中学、大学学的都是俄语，考研究生考的也是俄语，刚开始读英文原版书很吃力，坚持一段时间后，确实有了明显进步。我记忆最深的是何老师亲自讲授的人工智能专业课，当时国内没有相关教材，何老师就直接用刚买到的美国 MIT 温斯顿教授的英文原版书给我们授课。因为我们手上没有教材（当时也没条件复印），上课时大家一根弦都绷得特别紧，生怕遗漏什么要点。好在我们5个研究生住一个寝室，课后回寝室的第一件事就是核对笔记，理解修正笔记内容。

进入学位论文阶段，何老师要求我们"走出去"，从国计民生的实际应用中寻找课题和研究方向。我的学位论文就是在何老师指导下与浙江省农科院水稻研究所合作完成的。回想起40年前，我系的实验室只有一台Cromemco计算机，全系师生都要用这台计算机上机。我们研究生论文任务重，只能安排在后半夜，机房老师也要陪着我们值班，十分辛苦。这台Cromemco计算机是台8位机，没有硬盘，只带一个5寸软驱，每张软盘容量是75K字节。经过努力，我们联系到了浙江丝绸工学院（现浙江理工大学）的机房楼老师。楼老师对我们非常支持，给我们安排了上机时间，最忙时连晚上和周日都向我们开放。那时物资比较匮乏，一人只有一张软盘。有一次，软盘突然读不出了，几个星期的努力付之东流，急得我直冒冷汗。对比今天，不要说台式机了，连小小的智能手机的存储器都有64G甚至256G的容量。在感叹计算机科学技术日新月异发展的同时，又一次体会到何老师的远见卓识。

在计算机系发展的初期，何老师在努力争取国家重大科研项目，积极建设发展重点学科的同时仍念念不忘国家急需的计算机应用项目。何老师经常说，我们中国人聪明，软件开发能力是世界一流的，我们不能看着国家用稀缺的外汇资源进口软件。当时，杭州第一家五星级宾馆黄龙饭店正在建设中，他们花了几十万元买了一套宾馆管理软件。何老师听说后立即组织力量准备开发宾馆管理软件，但实施时却阻力重重。20世纪80年代，杭州的高档宾馆都是合资企业，可能是出于某种利益关系，我们根本进不了现场。但何老师没有气馁，通过各种渠道联系。功夫不负有心人，原我系教师，后调到深圳某公司的祝老师，主动来联系何老师。

原来该公司已与原隶属于国务院的首都宾馆和北京市的东方饭店签下了软件开发协议，但苦于开发力量不足，希望浙江大学计算机系参与开发。柳暗花明，在何老师的努力下，我们浙大计算机系的开发队伍与祝老师带领的深圳公司的开发人员共同进驻北京东方饭店。经过几个月的日夜奋战，顺利完成了国内领先的网络版计算机宾馆管理系统。更重要的是培养了一支队伍，为承接杭州及国内宾馆的计算机管理系统打下了基础。特别令人感动的是，为了竞争杭州国际饭店项目，已年近 70 的何老师亲自出马，终于顺利拿下该项目。国际饭店宾馆管理系统也成了计算机系在浙江的一个样板。日后，以人工智能所杨老师为首的这支队伍发展为专业从事宾馆管理系统开发的软件公司，占领了国内该领域的近半壁江山。而何老师又老当益壮，继续率领我们开拓新的领域。

今年是浙江大学计算机系建系 40 周年，在这喜庆的时刻，我们再一次缅怀计算机系的创办人和奠基者何志均教授。何老师一生高风亮节，为人师表。老师永远活在我们心中。

何志均先生：
浙江大学人工智能学科的创始人

（高济）

1978 年 10 月，我和其他 4 个同学作为"文革"后浙江大学接收的首批研究生，进入了新成立的计算机系，幸运地成为何志均先生的开门弟子。当时欧美计算机学科已经步入了快速发展的轨道，人工智能（Artificial Intelligence, AI）学科则经历了自 1956 年诞生以来的 5 年形成期和 17 年成长期，蓄势待发，处于 AI 第一次发展浪潮出现的前夕。

尽管在我国，那个时期的计算机学科尚处于形成期，AI 研究则只引起中科院和少数高校顶级研究人员的注意，何先生却独具慧眼，高瞻远瞩，创立了浙大的 AI 学科，并将我们 5 个学生的研究方向都确定为 AI，指导我们开展了国内最早的 AI 研究工作。为使学生尽快了解 AI 研究的现状和方向，何先生选择了国外最新的 AI 教材和参考文献。由于缺乏 AI 学科甚至计算机学科的基础知识，我们当时的学习十分艰难。幸亏我们 5 个同学住在同一宿舍，能通过相互交流和探讨，加以消化。功夫不负有心人，很快我们就从 AI 研究的门外汉转变为懂得和能够开展 AI 研究的人员，形成了由何先生指导的第一个 AI 研究团队。

进入论文工作阶段，何先生又给我们指定了 3 个研究课题：专家系统、模式识别和智能图案设计。缺乏研究项目和研究经费是我们面临的第一道难关，何先生就带领我们去北京的国家部委寻找研究项目和经费资助。尽管由于 AI 技术的应用当时还不为人知，首次进京未落实研究项目和经费，但调研经历使我们了解到 AI 技术，尤其是专家系统技术在开发先进农业技术和模式识别技术中的用处，为我们几个学生开展面向 AI 技术的硕士论文研究奠定了基础。

随着论文工作的进展，2 个农业专家系统雏形——蚕育种专家系统和小麦配种专家系统，以及模式识别和智能图案设计的初级研究取得成功，使浙江大学成为国内最早取得 AI 研究成果的高校之一。研究生毕业后，我代表浙江大学申请到国家基金项目"地质探矿系统"，并在何先生和浙江大学地质系钨矿勘探专家柳志青的指导下，建立了实用型钨矿勘探专家系统。该项成果和上述研究成果联合起来，再加上 2 个后继研究生在何先生指导下发表于国际 AI 顶级学术会议的论文，为浙江大学奠定了国内 AI 研究的领先地位。

计算机学科和人工智能技术的研究离不开计算机设备，但新成立的计算机系一穷二白，我们只能去学校计算中心甚至杭州汽轮机厂（杭州具有计算机设备的少数企业之一）使用计算机。恰逢浙大校友赠送了一台 Cromemco 微型机，并由何先生争取安排到了计算机系，成为系里拥有的唯一计算机设备。正是这台微型机解决了研究团队缺乏计算机设备的燃眉之急。于是何先生立即下令，将这台计算机作为专用设备，由我们 5 个开门弟子优先使用，上机时间 24 小时轮班分配。可以说，浙江大学能在国内很早拿出 AI 研究成果，与何先生争取到的这台微型机密切相关。

由于浙江大学在国内 AI 研究的领先地位，并有包括我们 5 人和其他老师及后继研究生组成的研究团队，何先生在 20 世纪 80 年代为浙江大学获得了国家科技部"七五"攻关重点项目和一批"863"高技术项目的资助，使浙江大学 AI 研究走出创立初期的困境，茁壮成长起来。

可以说，没有何先生的慧眼创立和辛勤指导，就没有在国内处于领先地位的浙江大学人工智能学科。何先生又是一个勇于不断创新的开拓者，他没有满足于在 AI 学科获得的成就，而是紧接着带领当时年轻的计算机系开拓了计算机图形学和计算机集成制造方向的研究，为后来成立的计算机学院在国内乃至国际取得学术研究排名的领先奠定了基础。

我的老师何志均先生

（祝王飞）

1965 年，我考入浙江大学无线电系，系部设在六和塔，系主任是何志均。学校规定新生要在文二路的基础部念一年课程。无线电系学生还须到玉泉本部再读一年专业基础。到大三，才搬到系部。此前，我们并不认识何志均主任。

1966 年，"文革"袭扰，学业中断，首先受到冲击的是所谓的"走资派"和"反动学术权威"，先生也难逃被抄家挨斗的厄运。初到三分部，见诬陷先生的大字报铺天盖地。诬他到工厂分不清"电子管"与"电容器"，连收音机开关也不懂得操作，等等。先生被描绘成脱离实际的书呆子。认识先生前，听到的多是传闻、冤屈之词。后来见到先生，身穿中山装，带着眼镜，儒雅恭谦，一袭读书人模样。当年先生风华正茂，给人印象是笑脸常在、话语不多、诚恳可敬。

1968 年，在"知识分子要接受再教育"的呐喊声中，师生同去萧山义桥劳动。天热难忍，劳动强度大。先生从未干过农活，上了田埂，行路艰难。先生毅力顽强，始终坚持，不肯轻易缺勤片刻。劳作休息间，学生要求先生买糖买桃供分享，先生常慷慨解囊，与众亲密无间。在那非常的年代里，五年大学，得到先生授课机会很少。

1970 年毕业去农场锻炼，回校到 400 号科研组。因工作部门不同，几年间少有拜会先生之机会。只从在计算机任教的同学口中得知，先生重视补习基础，培养被"文革"耽误的年轻人。先生高瞻远瞩，安排有序，令工作与学习两不误。我却工作繁忙，失此良机。我似枯苗望雨，望眼欲穿，几经努力终于在 1975 年调回先生属下任教。师生关系复又实际延续，此后受益匪浅。

1976 年粉碎"四人帮"，教育改革逢春天。本部距三分部十余公里，交通工具靠自行车。先生年过半百，精神焕发。我愉快地与先生同路，骑车玉泉与六和塔间。后先生出面联系，有校车往返两地间。

学校建住宅"新八栋"，解决知识分子住房难题，先生幸得一套。说是套房，实简陋至极，面积不大之南北一长间，拦腰隔断留个门就成了两间，另加小厨房和三家公用的卫生间。先生家有师母、女儿和父母五人，居住面积小，实难摆设。先生将房内左右两壁，从地板至天花板做成立地书橱解决书籍存放。见先生藏书之丰富，整个屋像是藏书楼，书籍五花八门，门类齐全，其中不乏世界著名大学的英文教科书。此益发加深了我对先生是个"博览群书、资深教授"的印象，证之先生在学术方面的造诣，实在不是出于偶然。

1978 年报告文学《哥德巴赫猜想》发表后，陈景润的事迹和"1+1"的话题传遍神州大地。恰巧一晚去先生家，先生滔滔不绝谈哥德巴赫猜想的缘由。师母在旁问："你怎么知道？"先生答曰："我读中学时就听老师讲过！"师母又问："你怎么记得这样牢？"先生答曰："这怎么会忘记。"当时，从心底佩服先生的超强记忆和博学多闻。先生新学期迎新讲话，句句清晰，字字珠玑，绝少空话。偶见先生文稿，字小端正，匀称一致。先生做人做事的认真态度，办事轻重缓急，全然掌握。离开学一周，所订购人工智能课的英文版新教材尚未收到。大家焦急，先生则不然，坦然说："明后天去查下到否？"我听后捏一把汗。先生专业知识扎实，精通英文，即便教材在上课前一天到达，也绝不影响授课。此事深深地印入我的心中。五年大学，加上后来的十二年任教，与先生有十七年的实际师生关系。先生常指点工作、指导写论文、介绍需购买或要借阅的书籍。先生关怀，无微不至，令我受益匪浅，终生难忘。先生授研课程允许旁听，人工智能讲座亦然，但我心有余而力不足，难以听懂，辜负先生教导，遗憾终身。

1987年，因深圳市人事局人才交流，我离校调去深圳市国企工作。而先生在校对后辈的提携可谓不遗余力，所培养学生人才辈出，有原浙江大学校长、中国工程院常务副院长潘云鹤院士、中国工程院院士陈纯、中国科学院院士、浙江大学校长吴朝晖、人工智能专家董金祥教授，等等。

1989年后，公司所接的众多宾馆微机电脑管理工程，因人手紧张而求先生帮忙完成。先生派孔繁胜教授带领本科及研究生团队到北京东方饭店，共同完成工程。后因工作生活所需，我弃研从商。因工作性质不同，多年少有机会拜会先生。记得有一年，先生公务来深圳，还挂念我这个不知名的学生，相约畅叙。

2003年先生八十寿辰庆典之余，受系办高平主任吩咐，让我开车陪同先生、国防科大胡守仁教授、数学所陆汝钤院士游览西湖景点，备感荣幸。

●先生与友人在游船上
左起：胡守仁（国防科大计算机系主任）、何志均、中科院陆汝钤院士
——拍摄于2003年

　　因先生的平易近人，曾有三次与先生出游的机会。

　　一次是 2004 年，省政协派车送师母、先生及美籍王教授到衢州。我开车接去游览婺源江湾镇、龙虎山、三清山、江郎山、仙霞关等地。三夜四天行程，最后一日，先生到寒舍，不嫌农村，笑容满面。午饭后驱车返杭。

● 2004 年在江西三清山合影
　右起：师母、何志均先生、
　王教授、祝王飞

　　再次是 2005 年，我和爱人、岳母、爱人嫂嫂，与先生去天台县的天台山风景名胜区游览。云锦杜鹃林年代久远，树径奇粗；杜鹃盛开，一树千花，漫山遍野，灿若云锦，实属罕见奇花。行前，先生在网上将景区的各景点查得一清二楚。到了景区，先生俨然是个导游，介绍滔滔不绝。比之先生，自愧弗如。

● 与何志均先生合影
　—2005 年拍摄于天台山云
　锦杜鹃林

第三次是 2006 年，我与妈妈及先生、师母、王教授，五人从杭州乘飞机到昆明。到昆明后，有师母在西安杨凌农业园和昆明植物研究所的两对妹妹夫妇加入，汇成九人团。早闻师母父亲是中山大学教授，她生在温州，读在广州。师母能讲世上最难懂的两种语言：广东话和温州话。加上师母的英文超强，任原杭州大学校长、省政协副主席期间，接待外宾不用翻译。师母确是语言专家，才女。后来得知其两对妹妹夫妇都是高工，一个还享受国务院特殊津贴。师母家确是书香门第、才子辈出。

到达当晚，先生在昆明的表妹夫妇在民族餐厅宴请。原来日寇侵犯，先生的表妹家为躲避日寇侵扰，躲避至昆明而定居下来。次日，九人乘坐先生亲戚提供的面包车，愉快地游览了大理、丽江、泸沽湖等著名景点。出发之前，先生按游览线路，预先下载沿途游览景点辅助材料。厚厚一本，足有百页余。足见先生诚挚的心意及认真的态度。先生也送我一本，当时并不在意。但从泸沽湖返回昆明的途中，按照先生预先打印出的材料，游览了许多景点。此额外收获，全凭先生"一丝不苟"的办事精神，对此感触很深。先生一辈子事业有成，学术成就非凡，或源于这样的办事精神！

2010 年 11 月 14 日，面见先生，送我《同一个梦》书，并署"王飞小弟 请指正 何志均 2010.11.14"，充分体现先生关怀备至。这年，先生已经 88 岁高龄，但还在为计算机事业奉献他的聪明睿智，成绩斐然。

● 先生的题署　　● 《同一个梦》的封面

2010 年以后，先生身体每况愈下，时有反复，身心创伤不言而喻。曾去浙江医院看望，见先生豁达乐观，甚为高兴。

2015 年 7 月，先生和师母发起成立公益组织"浙江省云惠公益基金会"。资助在杭高中（含职技校）贫困生，避免因贫失学，使他们求学顺利，成为对社会有用之人。我在开车途中从电台广播中听到先生的这一乐善好施的大善大义之举，泪不禁自流而靠路边停车擦拭。先生践行雷锋讲的话"自己活着，就是为了使别人过得更美好"。先生既为学者大师，又是当代雷锋。我为先生感到自豪和光荣。

身残志坚的受助学生葛鹏飞，感谢之情难以言表
——拍摄于 2017.6.9

2016 年 6 月 2 日，老天不遂人愿，先生竟从此不起。2016 年 6 月 9 日，我参加先生的追悼会。前浙江大学校长潘云鹤院士的挽联"道德三秋明月　学识万里长江"总结了先生的为人。与先生惜别泪流满襟，也难涤学生绵绵悲思。先生的音容笑貌永驻我心间！先生上善若水，当值我永远学习！

2017 年 6 月 9 日，我参加先生逝世一周年的追思会。会上，学生和同事尽情诉说先生的人格魅力、关怀教诲、严谨办学、奋斗进取以及所做贡献和取得的成就。云惠基金受助学生代表的感激之情难以言表。

愚生离开学校已经三十余载，始终牢记先生的教诲，以先生为榜样。愚生在国有单位工作，圆满完成单位所接的工程项目，给单位增益增光。成为个体经营者后，自强不息，一心想为社会做点实事。信奉"勿以恶小而为之，勿以善小而不为"，踏踏实实做人。这二十年，乐做义工，在农村小康路建设、助学助困和抗战宣传等方面已经投入五十余万元。为铭记历史，参与江山市抗战史实的调查，并参与编著记述江山市抗战历史的书籍《碧血仙霞》。本人编著的《抗战记忆——铁蹄下的新塘边》一书由五洲传播出版社于2016年9月正式出版，印刷2000册，全部用于赠送江山市宣传部、统战部、档案局、市镇政府机关、侵华日军南京大屠杀遇难同胞纪念馆等，其中赠送江山市各中小学400多本作为爱国主义教育资料。

我们纪念先生，将牢记教诲，以实际行动沿着先生开创的道路继续前行！

愚生不敢以先生得意门生自居，因为先生是一位卓越的师长，引领的又是这样一个国内外知名的卓越团队，不管是不是先生亲自授课，都由于您的办学理念和教诲而那样的出类拔萃。愚生不才，但唯一可以向您汇报的是：您对我的栽培没有白费！谢谢您——我的老师何志均先生！

何志均先生
与 Cromemco 微机机房

（祝王飞）

初设计算机专业　后成立计算机系

1978 年浙江大学计算机系成立，设置两个专业，硬件专业的师资源自无线电系的电子计算机专业，软件专业的师资则源自数学系。如果追溯计算机的发展历史，1973 年无线电系首次增设电子计算机专业，当年招收新生。以后的 1974、1975、1976 和 1977 年均招收新生入学就读。

无线电系增设电子计算机专业，一切以何老师为主操办，从零开始。今天看来，办学的起点水平确实不算高。因"文革"袭扰，百废待兴，教育亦同。因"文革"而闭关自守，无国际交流，接受世界先进办学理念，采用国际先进的专业教材，引进国外先进计算机实验设备皆为空话。仰望世界计算机高速发展所取得的成就，差距太大，似乎高不可攀，只能望洋兴叹。但在何老师的带领下，浙江大学计算机系奋起直追，一步步追赶、紧跟计算机的时代发展步伐。

改革开放初期　邀请专家讲学

何老师高瞻远瞩，确似高山揽月。他一面竭力引进新的办学理念、新的教材，亦不失时机地邀请国内外计算机专家到校讲学。专家讲学做报告的情景，印象深刻的有三次。

一次是：邀请杭州制氧机厂去联邦德国"西门子公司"引进设备的工程师来做报告。报告者到德国并接触过先进的计算机设备，见多识广。原本坐着演讲的他，兴奋地站立着，有时竟抬起一只脚并跨踏在供他演讲坐的凳子上。我等犹如进城的乡巴佬，静静听着。另一次是：邀请旅美的计算机博士到校做报告。他讲述国外计算机现状，意气风发。演讲中，他呼唤在教室旁玩耍的幼小儿子，夺过儿子手上的袖珍计算器，高高举起，大谈美国的先进。我等瞪大双眼，一切皆新鲜。再一次是：1979 年，邀请去美访问归来的北京航空航天大学教授做报告。报告者还带来一台像宾馆客房内小冰箱大小的微型计算机，摆放在讲台旁的桌子上。他还打开计算机的铁皮外壳供大家参观。众人低头探望，不时有惊叹之声。演讲者大谈美国计算机的先进，大谈"海量存储器"。其实与今天计算机的存储器容量相比，实在微不足道。但那时，我们的计算机还是通过读孔机，光电输入穿有二进制代码的纸带后而启动运行的。计算机的内存还是用磁芯存储器件。这种计算机仅仅具有简单计算的处理能力，运行中还不时会出错。

何老师只争朝夕，瞄准世界先进水平，引领团队奋起直追。这几次讲学，犹如在平静的池塘投下了一块巨石，激起层层浪花，令我们开阔眼界，增长见识，启发我们去遐想国外先进的计算机领域，树立奋起直追的信念。

建 Cromemco 微机机房　创教学科研新局面

1979 年，为增进对各国高等教育和科学技术的了解，开辟国际交流的渠道，浙江大学组织了以刘丹为团长的一行八人的考察团，前往美国考察。这是新中国的首批访美大学考察团，何老师是成员之一。访美期间，得到吴健雄、杨振宁等华裔学者的鼎力支持。代表团打通了已经中断 30 年的中美学术交流渠道，考察了美国大学的办学方针、科系设置。同时购买了学校急需的仪器设备，为科研教学的发展提供了经验，创造了条件。何老师等将自己节省下的费用买回来一台 Cromemco 微机。后来，在省科委的帮助下，又购买了几台微机。

1980 年，计算机系从三分部搬至玉泉本部。因何老师的筹谋，才有了 Cromemco 微机，才有了计算机系的机房。起初，何老师指示我和郑纪蛟筹建机房，例如安装设施、埋设防雷装置等。机房位置是在本部的老行政大楼二楼。那时，机房仅有一台 Cromemco 微机和一台 TRS-80。记得系里分管教学和实验的是系主任助理冯树椿教授，机房日常维修维护是郑纪蛟和我，毛德操于 1980 年冬接到调令后也到机房一起工作。

当年，系机房的微机，无论在装备时间还是性能上，均领先于国内其他大学。特别是在 1982 年，合肥工大举办 CROMIX 培训班后，我们把机房的两台 Cromemco 都改成了 CROMIX 多用户系统。这样一改，其意义不可小视：一方面是解决了大量学生上机的问题，另一方面是使学生受到 UNIX 环境的熏陶，打下了基础。

今天可以这样讲，有了计算机机房，我系的教学和科研就有了新起色。体现在：

（1）为系本科生提供课程实习的机会。有了 Cromemco 多用户系统，一台微机可以提供 8 个终端供学生上机，两台即可以满足 16 个学生同时上机实习的要求，同时可提供 Basic、Fortran、Pascal 等多种语言上机。学生在课堂上所学的编程知识，在编程后，可以通过上机检验所编程序的正确性。由于学生学习了几种编程语言，通过上机操作，学生掌握计算机语言的速度很快，同时能够领会不同语言的编程特点。通过编程训练，许多学生都具备了解决复杂问题的编程能力。学生在计算机语言编程方面，真正做到了融会贯通。

（2）让教师有预先上机实习的机会，以便搞好教学。坦诚地说，当年做教师的并没有比学生早学习多少时间，并没有比学生多学习多少计算机课程。教师都是一边学习，一边教书。特别是我本人，原来说是读无线电专业，但因"文革"耽搁，学到的课程寥寥无几，特别是软件方面的课程，更是一片空白。搞软件的领导冯树椿老师还分配我上 1978 级的 3 种计算机语言（Basic、Fortran、Pascal）的比较课程。对搞软件者而言，是小菜一碟。但对我这个无线电专业毕业生，仅懂得"晶体管放大""脉冲电路""电磁场"的人来讲，任务极其繁重。在此之前，我根本没有接触过计算机语言。幸运的是，我工作在计算机房，上机操作方便。虽然接受该任务是临时抱佛脚，总算勉强把这个课程应付过来。

我还清楚地记得，张德馨老师在公派去美国进修前，有几次在临近下班时间，他来到机房对我说："小祝，你等会走，我还不会使用计算机，请你教我上机，以便能够掌握计算机语言。"那时，张老师已年过半百，他的勤学好问、实事求是的精神确实令我敬佩，值得我们晚辈学习。通过几次上机操作后，他顺利掌握了计算机语言工具，到美国进修后取得了丰硕成果。

（3）让首届研究生完成研究课题，有利教师完成科研。记得当时机房的第一台 Cromemco 要超负荷运行，白天供本科生用，晚上供教师用。何老师的 5 个研究生，甚至要轮到后半夜后才能得到上机机会。在机房的值班表上，所有人员都排得满满的，非常辛苦。

利用机房的 Cromemco 微机，何老师的首届 5 个研究生都出了成果。至今还记得每个人在机房单独上机的身影。潘云鹤上机时，在计算机屏幕上不断翻新变换跳出来的彩色图案，令人眼花缭乱。后来，他研究出"智能模拟彩色图案创作系统"，此系统属国内首创。这 5 个研究生均成为在学术上造诣很深的学者，如潘云鹤后来曾任浙江大学校长、中国工程院院士、中国工程院常务副院长。

Cromemco 微机的作用，正如石教英老师于 2007 年 12 月 18 日在《愿作一块教育铺路石——浙江大学》文中所描述："何先生集中全系有限的财力，引进了 Cromemco 微型机和后来对我系发展起了重大作用的 VAX11/785 小型机，运用全系有限财力资助了系内多个自选项目，其中包括我的 ZD-82 图形显示器研制课题。"

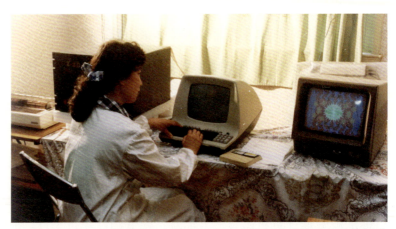

● 1983 年，浙江大学宣传部门专门到我系计算机房拍摄了"计算机系机房的第一台 Cromemco 计算机"，作为宣传资料（图为高平老师在上机操作）

何老师细心指导　写论文出成果

何老师经常到机房来指导工作，他在来之前，已经深思熟虑，考虑完整。何老师每次到来都是站着与我们说话，直截了当，交谈时间不长，但总是有新内容、新指示下达给我们。比如要我们读 Z80 指令，解剖 Cromemco 多用户分时操作系统。后来，郑纪蛟和毛德操读通 Z80 指令后，两人合作做了不少研究探索，在计算机通信方面取得成果，走在全国前列。毛德操写了一篇《CDOS 接口技术》，当时颇具影响。西安交通大学的研究生还慕名专程来要与毛德操当面交流商讨。毛德操被何老师破格从工人提拔到计算机系任教，并安排在机房工作。他在机房工作期间，何老师继续指导、培养他。记得有一次，何老师拿来一本厚厚的英文书籍，让他翻译。在何老师指导下，他在计算机专业知识方面取得骄人成绩，获得不少成就，最终还出国读研。毛德操成长成才的故事还登上《光明日报》等国内多家媒体。

本人参与系计算机房的建设，较早接触到 Cromemco 微机，在业务能力，特别是动手能力上，确实提高很快。后来何老师让我带 1977 届、1978 届的毕业设计，还让我以此作为毕业生毕业设计的课题。1982 年的全国微机学术会议，何老师要求郑纪蛟、毛德操和我，每人写一篇会议论文。按照他的指示，我们 3 人写的论文均在武汉召开的学术会议上发表。我写的论文是《CROMIX 多用户系统的开发和应用》。我还专程去武汉参加会议。我们 3 人写的文章均得到与会者的好评。取得这些成就，完全得益于何老师的培养指教。

自 1980 年开始有系机房，至 1987 年我调离浙大，宋士华老师和浦树良老师都曾担任过机房主任，郑纪蛟、王华民、高平都曾分管过机房的工作。最早，机房工作人员还有翁涛、李佳麟、马新欣和陈敏。1985 年后有关长青、谢东、施敏华。Cromemco 微机大概运行至 1987 年。在何老师的直接关心下，不管人员怎样变化，

● 机房组织集体活动，在杭州龙井野餐
　前排右起：浦树良、毛德操、祝王飞、翁涛
　后排右起：陈敏、王华民、马新欣、高平、李佳麟
（中间小女孩是毛德操的二女儿毛洁秋）

——拍摄于 1981 年（高平提供）

机房团队始终团结一致，蓬勃向上，勤奋好学，迎难而上。

我们纪念先生，将铭记先生的高尚人品。学习先生对待学问的认真态度、周密而又全面地思考问题、对年轻人无微不至的关心！

愚生在计算机房工作距今已近四十年，这么多年过去，仍然怀念那段愉快的时光。何志均先生到计算机房的场面犹如昨日发生的事情，当年先生的讲话、指导仍历历在目。在计算机学院建院四十周年之际，谨以此文献给我的老师何志均先生！

何老师对我恩重如山

（毛德操）

　　中国自古就有个说法，叫"一日为师，终身为父"，那应该是指从前师徒相授时代的"师"，那时候还没有现代意义上的学校。其实"为父"毋宁说是"如父"，因为前者是单向的，后者才是双向的，徒事师若父，反过来师对于徒也有着如父的爱护。但是孔子又说"三人行必有我师"，这个"师"显然不同于前面的那个"师"，甚至只是把"僧推月下门"改成"僧敲月下门"，也就成了"一字之师"。所以，"师"与"师"是有不同的。何老师对我恩重如山，他对我的教诲总体上是在学校之外，与我之间就有着那种如父的情感。我父亲生前也知道何老师对我的恩情，他现在如果健在也会认同我的这种情感。要不是何老师，我就绝不会是现在的我。我并非何老师正式的弟子，因为我没有读过大学，但我又确实是何老师的弟子，何老师对我的教诲远远多于一般意义上的学生。想起与何老师之间的种种往事，我就止不住思绪万千。

　　我有幸认识何老师，还是 1970 年春天的事。当时我在临安县插队，因为从小喜欢玩无线电，公社得知我居然还能摆弄一下扩音机，就让我参加公社有线广播站的工作。1970 年忽然从上面来了个"有线广播载波化"的事，要把由县广播站向公社站的信号分发作为载波放在电话线上，这样就可以省去长距离的广播线架设和维护。每个公社派一个人去县城参加，由军代表和县站的技术人员带着搞这个载波化会战，主要是开发所需的滤波器和放大器。当然，公社站这些人大多是不懂技术或者水平很低的，所以又邀请浙江大学当时在临安的"五七干校"，在临安的浙江林学院，还有在临安的几个有关工厂派人支援。何老师那时恰好就在"五七干校"，又是无线电系的，就被派来参加会战，这样我们就有了几个月时间的相处。当然，在我们眼中何老师在技术上是神一样的人物，而何老师对我也有了些了解并有了较好的印象。

由于形势的变化和种种原因，载波化的事后来不了了之。会战以后，我们都回到公社，何老师也回到了杭州。我的最大收获，就是由此认识了何老师，那以后就一直受到他的教诲、关怀和提携。

从那以后，我差不多每次从乡下回到杭州，都要去一下何老师家里，主要是向他请教。当时他也比较空，指导我学习之余还有时间闲聊，有时候也会托我在乡下买点农副产品。何老师和师母薛老师都是高级知识分子，但是在物品匮乏的年代要买点笋干、香菇之类的农副产品都还得托人，回想起来不免感慨之。那时候何老师的双亲还健在，我就称两位老人家阿公阿婆，他们一家五口也就里外两间，阿公阿婆的两张小床就在外间的饭桌旁边。阿婆很会做菜，有时候我就留在何老师家吃饭，那是一种很温馨的气氛。

就是在何老师的教诲和指导下，我开始比较系统地学习无线电（电子学）原理，后来何老师又鼓励我补英语读原版书（影印本）。以我初中毕业的底子，学起来当然是很吃力的。那时候我的兴趣主要在电视技术，想在乡下搞电视差转，但是终因种种条件的限制而未能如愿。后来，有一天何老师对我说，他将离开无线电系去创办计算机系，如果我想继续钻研无线电，他就在无线电系里另外给我介绍一位老师，而如果我也有兴趣转到计算机方面，则可以继续跟着他学。我一听觉得简直是天上掉馅饼了。那时候计算机是何等高精尖的东西，我只在广播中听说我国的百万次运算晶体管计算机试制成功，但是那离我何止十万八千里，现在竟有机会学计算机了！所以我毫不迟疑地说，我要跟您学计算机。

打倒"四人帮"的时候，我还在乡下，何老师给我写过一封信，说国家要走上正轨了，我们要好好向科学进军，努力工作，让国家变个样。只可惜我没有留意把那封信保存下来作为永久的纪念。1977年恢复高考，何老师鼓励我报考，他其实是很想要我考到浙江大学的，但是那时有个三十周岁的年龄限制，而我那一年正好满了三十一。也许那一年我应该直接考研究生，可是当时根本不敢。现在回想，从那时起何老师就有了把我招进或调进浙江大学计算机系的念头。

后来何老师作为浙江大学教授访问团成员访问美国，从美国带回了几本计算机系的教科书，对我说：1977级1978级的学生，英文还没有好到可以使用原版教材的程度，需要有人把那几本教材译成中文，问我是否有意愿承担此项工作。那时我已通过招工回到了杭州，在一个建筑公司当装卸工，白天的体力消耗很大，要做这个事只能在晚间和假日，况且我对计算机也只是一知半解，困难当然不小。但是一来我本身跃跃欲试，有点初生牛犊不怕虎；二来这是何老师交给我的工作，再难我也得拼一下，反倒因此而感到兴奋，就一口把它承担下来了。后来，当时计算机系用了我翻译的教材（包括《计算机系统结构》和《数字逻辑与计算机组成》），而何老师就以此为理由申请学校把我从建筑公司调进浙江大学。

那时候，浙江大学属全民所有制，而我所在的那个建筑公司属集体所有制，要从集体所有制单位调一个人进全民所有制单位简直难如登天，所以这事拖了一些时日。

记得有次在何老师家，师母薛老师当着我的面问何老师："小毛调浙大的事究竟怎么样啊？要是浙大这边不行，我们杭大也要。"那时候薛老师是杭大的校长，所以才会这样问。何老师则带着他常见的微笑说："行的行的。"但是，实际上当时我对此事困难程度的认识还是不充分。时隔多年以后，有次与冯树椿老师喝茶聊天，他对我说："当年何老师为把你调进浙大，可真是费了老劲，有次他与一位校领导说这事情，我就在旁边，那位领导言谈中对一个仅仅初中毕业的插队知青能通过自学达到这个水平表示怀疑。何老师则摆着手说，'唉，你不知道，他上山放牛还带着书哩'"

经过何老师和许多人的努力，我调浙大的事情终于还是办成了。去浙江大学报到前夕，何老师又特别叮嘱我："到了浙大以后要发挥自己动手能力强的优势，如果偏重理论则系里谁都比你强，系里目前迫切需要的也正是能动手的人。"这些话我都牢记终生，就像座右铭一样。时至今日只要有需要我仍可以自己分析源代码和动手写程序，也能画电路原理图。另外，这也决定了我没有跟何老师学人工智能，而是结合机房建设把计算机系统和计算机网络作为自己的方向，因为那比较接近硬件，比较着重动手能力。那时候我们机房从美国引进的微机和相关设备都带有电路图，我就一块块板卡地阅读分析这些电路图。这一方面是机房设备维护的需要，另一方面也确实让我得益匪浅，为我对计算机系统结构和操作系统的学习理解打下了坚实的基础。回想起来，何老师要我注重动手能力的叮嘱实际上造就了现在的我，以及我的知识结构。再说，系统结构与人工智能其实有着很密切的关系，当年日本研发"五代机"的时候数据流技术就成为一时之热，中间一度有所低落，但是现在面向深度学习的平台 TensorFlow 又是采用数据流技术（当然是更加高级的数据流技术）。由此可见，人工智能的研究呼唤和促进着计算机系统结构的创新。在某种意义上，或许可以说是"系统搭台，智能唱戏"，人工智能的发展自会要求不同于以往的舞台。我觉得，何老师好像早就有了这方面的预见，他早年是搞无线电、搞硬件的，对于软硬件的结合有着深刻的理解。

那时候，系里正在筹建自己的计算机房，解决教学和科研中上机的需要。我的工作主要就是按何老师的意图和选择去跟外商（主要是一位美籍华人）协商谈判引进设备。这种协商也很特别，常常是我们告诉外商，你去找哪一家公司要什么产品什么配置，他们的报价是多少，我们会给你多少利润。那个外商后来曾对我说，他的生意其实都是何老师给指的路，帮我们引进之后他就以同样的配置去向别的院校推销（有时我还帮着去安装）。设备到货后我就突击阅读说明书，加以安装调试，投入使用后有问题还要维修。也正是在这些工作中，我体会到何老师为计算机系的建设和发展真是操碎了心。他本来就自有学术上、项目上的工作，加上作为系主任的日常事务，这已经够他忙的了，但是他还要从校图书馆借来美国的 *Byte* 杂志，每期都细细浏览，特别注意上面的广告，仔细比较各种机器设备的性价比，过一阵就把选定的设备广告交给我，让我去跟外商谈判。他选的那些设备，日后证明对系里的发展都起了相当重要的作用，真可以说是远见卓识。机房最初的设备只有 TRS80 和 Cromemco 两种微机，后来 Cromemco 把 UNIX 操作系统移植到微机上，使 Cromemco 机变成了多 CPU 和多用户。何老师立即就让我们购买板卡，把原已引进的单用户机扩充成多用户，这既解决了学生上机的规模问题，又使学生一上手就受到 UNIX 风格的熏陶，意义深远。同时何老师又让我们引进 Cromemco 机上的图像板卡，后来又进一步引进 CBS800、CBS1600 两种图像设备，这些设备都对系里日后在图像、图形和人工智能方面的研究起了积极的作用，而且还使当时浙大计算机系的设备在同行中处于领先地位。再后来，又引进了 PDP11/23 等更先进的设备。这些设备引进所花的钱，都是何老师货比三家，精打细算，可以说是一分一厘抠出来的，所以性价比极高。我不知道当时别的院校是怎样搞的，但是后来我到了美国，看到人家的教授和系主任都不操那么多的心。

更值得一说的是 VAX 机的引进。那时候，在适合用于教学和科研的小型机中，VAX 算是到了顶了，当时国外的许多顶尖成果都是在 VAX 机上做出来的。何老师对 VAX 机可说是朝思暮想念念不忘，筹措到了一定的资金以后，就让浦树良老师（当时是机房主任）带着我去北京跑审批的事。此中曲折就不细说了，当时上面的意思是要我们买罗马尼亚生产的仿 Nova 机，我们为此还去北方交大机房参观过，我们把消息报回来，何老师断然拒绝，一定要买 VAX。几经周折，终于批下来了，却又与 DEC 公司在操作系统的问题上起了冲突。当时在 VAX 机上有两个操作系统，一个是 DEC 自己开发的 VMS，另一个是 Ultrix，其实就是 UC/Berkeley 版的Unix。DEC 公司当然推销自己的 VMS，但我们坚持一定要 Ultrix，谈判一度濒临破裂。在这个问题上，我们系里教操作系统和 C 语言课程的胡希明老师坚决主张要用 Unix，何老师也认同胡老师的意见，更何况何老师对国外的技术发展盯得很紧，知道 Unix 的重要性。于是我们就对 DEC 公司说，如果不给 Ultrix 我们就不买了，这才把 VAX 连同 Ultrix 买了回来。有了这两样东西，浙大计算机系就如虎添翼了，后来系里的图形数据库等项目就是在 VAX 机上做出来的。更重要的是，这使学生对 Unix，进而对操作系统有了比较浓厚的兴趣，当时就有不少学生跟着胡希明老师攻读 Unix 的源代码，使浙大计算机系在系统方面的水平有了明显的优势。这进一步又对由机械系、数学系和计算机系联合申报的 CAD 国家重点实验室起了积极的作用。现在回头看，何老师这一系列的决策，对浙大计算机系的发展所起的作用，真是怎么估量也不为过。而我本人在此过程中所受的教育就更不必说了，后来我写《Linux 内核源代码情景分析》，显然也跟这个背景有关。当然，与何老师在课程设置、学术方向、人才聚集等方面的贡献相比，上述这些事就又不算主要的了。

　　说到胡希明老师，有个事情也可以看出何老师的襟怀。胡老师思想敏锐，但是个性强，所以后来与何老师有些疏远。可是前几年有次我去看何老师，聊了一阵之后何老师对我说，你下次要胡希明也一起来，接着又讲了一些公道话，对胡老师的作用与贡献作了积极的评价。我把这些话转告胡老师，他也很感动，后来我们真的一起去看何老师，聊得很是融洽。

在何老师的关心和鼓励下，我一方面参加机房的建设，另一方面也参与科研，有了一点成绩，何老师就及时加以提携。先是从工人破格提拔成助理工程师，后来又再次提拔成工程师。我知道，就像破格把我调进浙大一样，破格晋升职称的后面也有着许多艰辛，只是何老师不向我提起而已。事实上，何老师关心和鼓励的也不只是我，系里的年轻教师，他几乎向每人都量体裁衣地推荐学习材料，也鼓励他们自由发展。我的感觉，他是最少有条条框框，最鼓励自由发展的，这又有个事例可以说明。胡希明老师曾经与我"共谋"，由他出面为研究生开一门计算机网络课程，实际上却由我去讲。尽管我去大庆油田实际做过计算机网络的科研项目，积累了实际经验，也读过这方面的经典著作，但毕竟我的职称只是工程师，不属教学编制，本来是没有资格给研究生讲课的，何况那时候系里已经有了一门同名的课程在讲，所以我以为何老师会不高兴。可是何老师一点也没有说什么，他其实是鼓励竞争的。

后来我想去美国留学，这是因为我迫切想改变自己无学历的状况，正因为没有学历，就更想去拿个正规的学历。但是我又觉得有点过意不去，并且自忖何老师心中难免会有哪怕只是一丝的不快，因为系里正是用人之际，他费这么大的劲把我调进浙大，肯定希望我留在浙大助他一臂之力（尽管绵薄），再说他也确实给了我发展的空间。所以，我向他提出这个要求时，是忐忑不安并且是怀有内疚心情的，我自己心里也觉得有点愧对何老师。但是他却从未有过什么表示，还多次帮我写推荐信。当时，要是他真的对我说点什么责备的话，我也是愿意接受并表示歉意的，但是他什么也没有说。而且，此前我对别人说起想去美国读研究生，得到的回应大多是婉转的怀疑，都是说以初中毕业的学历去申请读研究生这实在是太难了（我印象中只有胡希明和李赣生、王华民等几位老师是给过我一点鼓励的），但是何老师从来没有给我泼过冷水，他为我写的推荐也说得很客观公正，令我心服。

何老师给人的印象，可能就是个学者和谦谦君子，平时也不太提及政治，但是实际上他有着十分坚定的政治立场和敏锐的眼光。在新中国成立之前他就支持当时浙江大学地下党的革命活动，这是我后来才知道的，但是我从日常的接触中也能感受到他的这种立场和眼光。打倒"四人帮"之前，我去他家，饭桌上阿公有时候会与我聊起邓小平如何与"四人帮"势力做斗争的传闻，何老师总是微笑着不说话，但是我可以明显地感觉到他坚定的政治立场。到了"四人帮"一被打倒，我再去的时候，他喜形于色，兴奋地憧憬着国家未来的发展了。他是共产党员，当然有党性，要遵守党的纪律，可是同时他身上仍有着知识分子的风骨，仍在独立思考。党性和知识分子的风骨，在他身上是统一在一起、融合在一起的。

韩愈在《师说》中说，教师的职责就是"传道、授业、解惑"，这些何老师显然都做到了。然而我觉得还不止于此，这些还只能说是教师的职业行为。我在何老师身上看到的，首先是他的平等待人。他是高级知识分子，可是他与哪怕文化程度较低的人也愿意交往，并且能够交往。当年我只是初中毕业生，更非他的学生，可是我从他那里不仅得到教诲也得到温暖。而且，当年参加所谓载波化会战的人中，除我之外还有别的人也与何老师一直维持着与职业和学业无关、既忘年又忘地位的友谊。而他对于我的"有教无类"，也正是建立在这个基础上的。然后是对下代人的爱护。我能受到他的教诲和关怀，其实只是他看到作为年轻人的我"孺子可教"，他倾注心血加以培养造就。这既是一种悲天悯人的情怀，也说明了他对国家和社会前途的信心。还有，就是对同代人的包容。对于即使曾经使他不快或对他有所冒犯之人，他也能大度包容，公平对待。何老师门下之所以能出 3 位院士、2 位校长，我想，是因为何老师这儿有着这么一片土壤。

正因为何老师这样善待同代人和爱护下代人，人们对何老师的爱戴也不同一般。系里从教师到员工到学生，对于何老师的离去都很悲痛，甚至几位上了年纪的老师，都还一边说着一边就哽咽失声。

何老师离我们而去的前一天，我和胡希明老师一起去医院看望。那时何老师已在弥留之中，我们看了心里明白但口不能言。薛老师送我们到病房外，我拼命忍着不让眼泪出来，但是一下电梯就怎么也忍不住了。后来何老师就是在次日早晨离开了我们。那一天是我的心碎之日，时至今日，想起那天的情景，我还是会悲从中来。

现在，我自己也已年逾古稀。我常常想，何老师给了我这样的教诲、关怀和爱护，我是否薪火相传把同样的关爱给了比我年轻的人呢？我也曾努力这样去做，但是想起来实在是惭愧。所以，我们对何老师只能是高山仰止。

这使我常常想起《岳阳楼记》中的那个感叹：噫！微斯人，吾谁与归？

永远怀念才高德厚的何志均老师

（高平）

　　我们计算机系德高望重的创建人及老领导何志均先生离开大家已经两年了，可是我心里一直记得在以往的几十年中与这位和蔼可亲、办事有条不紊、不计个人名利的博学老人相处的点点滴滴……

　　1973年咱们"计算机专业"招收了首届学生，我很幸运地能跟随何老师做他讲授的电子线路这门课的辅导助教。那时何老师已经从"山上"（三分部）搬到了求是村，为了能在清晨8:00之前赶到教室（教室在三分部主楼的三楼），冬季天不亮我们就得出门去赶头班公交车（要知道那时候浙大门口唯一的一条公交线路就是16路啊！错过一班车要延迟半个小时呢！），同时我们的包里除了必备的文教用品外，还时刻带有一把伞——因为出门时天还没亮，谁知道这一天会不会下雨啊！我们乘16路车到"西湖电影院"下车后，要急忙走到两里路开外的"龙翔桥汽车总站"换4路车乘14站到"浙大三分部"下车，下车后一路上坡（三分部在山上，地势很高）。每次都是何老师领先我随后，气喘吁吁地赶到了主楼还得再接再厉地上三楼——进了教室后只见何老师站在讲台上放好教具，从容不迫地拿起粉笔写板书——然后转过身来（估计这时候他的气也喘均匀了）、有条不紊地开始讲课。而这时的我坐在教室的后排座位上，一面喘着粗气一面揉着快要抽筋的小腿肚，心里不明白：何老师在我们眼里是长者了，这一路奔波近两个小时，他怎么能有这么好的精力啊！后来我才听说："何老师年轻的时候练过长跑……"佩服！

在何老师的努力下，1978 年无线电系的"计算机专业"晋升为"浙江大学计算机系"。何老师任首届系主任（在此之前由于工作需要，领导安排我从教学岗位转任"系办公室主任"，以协助何老师工作）。在这种形势下，我们系很多长期住在三分部的教师顺理成章地有机会能搬到求是村来了（这是大家期盼已久的喜事啊！）。作为系主任的何老师对于同事搬家的事情也很关注，在忙乱的搬家现场常常能看到他亲力亲为的身影……在何老师的提议下，每年的大年初一上午，我都跟随他到住在求是村的各位教师家登门拜年，恭贺新春——这个暖心的问候习惯一直到叶澄清老师任系主任时还在延续

有一次我与何老师因不同的事由同时乘火车到北京。那时候还没有"高铁"和"动车"，只有"快车"和"慢车"之分，杭州到北京的快车也要开一天一夜呢。何老师在火车上一点儿也没闲着：一会儿翻看资料，一会儿趴在窗边的小桌上写着什么，火车到了某一站时他就急忙下车，几分钟后又气喘吁吁地回到车上。我问他干什么去了，回答是：去寄信。一路上他就是这样，想到什么事情还没有安排好，马上写一段话，到了站台急忙下车寄出去。后来听董金祥老师说："何老师出差习惯带信封，信纸和邮票，火车沿线站台上的邮箱在什么位置，何老师差不多都知道。"我这才知道：原来火车站台上是有邮箱的啊！（也许这就是给何老师这样连乘火车也闲不住的人准备的吧。）

何老师对集体活动也是热心支持并且积极参加。就说 1992 年我系组团参加的"浙江大学教师生活装风采表演赛"吧——我们计算机系由党政领导、博导和教授带头参加的强大阵容一上场就令人们眼前一亮：这些平日里文质彬彬的导师和教授神采奕奕地走在 T 字型舞台上，自信地展现着作为人民教师的职业素质和精

神风貌……绝对精彩的要数最后作为压轴走上 T 台的时年七十岁的博导何志均教授了——当他老人家身穿出国访问时新买的大衣，笑容可掬地挥动礼帽向大家致意时，全场爆发出雷鸣般的掌声……那场表演赛我系荣获"组织奖"和"表演奖"；何志均教授获得"特别荣誉奖"。

时光如梭，几十年间在何老师的指引、扶植和帮助下，我一个刚走出校门又步入校门的青年教师与计算机学院共同成长。如今虽然我已经退休了，但感觉这一辈子活得很充实，很有成就感！

●何志均老师参加学院联欢会（时装秀）

追忆何志均老师二三事

（陈德人）

何志均老师 20 世纪 40 年代毕业于浙江大学电机系，但是他的学术视野能够和国家的社会经济发展紧密联系在一起。1957 年他力主恢复了浙江大学无线电专业，1960 年首任浙江大学无线电系系主任。1973 年又在无线电系新开设了计算机专业，1978 年首任浙江大学计算机系系主任。在浙江大学 20 多年里跨越三个学科，可能也只有何志均才能够做到。我从 1978 年建系伊始就在计算机系任教，这里回忆建系起步阶段的几件令我印象深刻的小事，以追忆何志均老师。

1. 1978 年，浙江大学决定成立计算机科学与工程系（以下简称计算机系），我所在的浙江大学理科部应用数学教研室软件组的 10 位老师整体转入计算机系，并以此为班底成立了计算机系软件教研室。我当时正在软件组里参与一个国家重点项目"向阳红十号远洋考察船计算机系统软件"的研制。该项目由电子工业部第十五研究所承担，吉林大学和浙江大学参与。因为项目经常研讨交流的缘故，熟识了吉林大学参与该项目的计算机科学系主任王湘浩教授和管纪文、苏运霖、周长林等骨干老师。当时吉林大学计算机科学系在全国知名度极高，特别是王湘浩教授领衔的人工智能方向在全国数一数二，我就萌生了到王湘浩教授这里进修深造的念头。我将该想法告诉了何志均教授和数学系郭竹瑞教授（我的指导教师），得到了两位的支持。特别是何志均老师，他对我再三叮嘱，希望我能够在吉大多学习和多了解人工智能最前沿的理论基础和学科发展。当时国内进修交流尚未形成气候，因此学校也非常重视。时任副校长张镇平还专门找我谈话，一是希望我珍惜机会，二则鼓励我为浙大争光。临走前何志均老师还专门向我提出，如果有优秀的吉大教师愿意来浙大，让我做些工作来努力促成。后来就出现了管纪文（王湘浩的大弟子，浙江江山人，后来的吉大计算机系主任，曾在 20 世纪 70 年代翻译《程序设计技巧》——图灵奖获得者克努特的巨著）希望来浙江大学任教的一个小插曲，后来因为吉林大学校方反对而没有成功。此事可以看出何志均老师作为浙大计算机学科的带头人在学科建设、人才培养、队伍建设方面的全局观。

2. 1985 年，浙大计算机系集中资金引进了 VAX11/785 超级小型计算机，此事当年无论是在全国计算机界还是学校内部都引起了不小的轰动。因为 VAX11/785 当时属于国际上最先进的计算机系统之一，不仅其价格昂贵，而且该机器的引进需要中美两国间复杂的批准程序和海关手续，很有可能在过程中因为政治或安全等不定因素而夭折。此事从考察评估到拍板决策直至最后能够成功，何志均老师作为系主任功不可没，可见中国特色的集中力量办大事的风格早在 20 世纪 80 年代就在浙大有了成功范例。计算机系的很多教师利用这台超级小型机成功开展了各项科研和教学活动，在计算机图形图像和人工智能专家系统等领域发表了一大批高水平学术论文和科研成果，也使浙江大学在这两个领域一下子走到了全国前列。利用这些成果基础又争取到了新的一批又一批的国家级重点科技项目。例如 1986 年计算机系联合浙大数学系、机械系和力学系等学科教师通过多轮竞争最后中标了国家"七五"重点科技攻关"基于 VAX 的成套的机械产品 CAD 支撑软硬件系统"项目，标的 280 万元。这在 30 多年前已经是浙大经费数量最大的一个国家项目（当时一项国家自然科学基金项目只有 4 万元）。我的研究生论文也就是结合这个项目在 VAX 机上完成的。记得那几年，与老师们、同学们一起从系统需求分析、总体架构设计、模块功能实现到软件应用测试等环节几乎日日夜夜泡在 VAX 机房。可以说 VAX 机房是我们计算机系发展壮大的一个重要里程碑。1990 年浙江大学获批建设国家首个也是唯一一个"计算机图形学与辅助设计国家重点实验室"，与 VAX 机房打下的基础有很大的关系。

3. 1993 年，我第一次出国参加在新加坡由新加坡南洋理工大学主办的第二届国际 CIMS 大会，浙江大学出席会议的是何志均教授和我。因为一些其他原因，何志均教授的出国比原定计划推迟了一天，以至于没有赶上大会的开幕式。在我出发前，他特地交给我一支录音笔（那个年代还没有摄像机，录音笔也是刚推出的新产品），让我将第一天的开幕式致辞和主题报告全部录音下来。那天晚上何老师到了后，我将录音笔交给了他，第二天与何老师交谈时发现他已经完全听过了当天的录音内容。1993 年何老师已 70 周岁，他不顾长途飞行的疲劳，晚上还通宵学习，补上了开幕当天大会的全部信息内容，说明何老师在学术方面的精益求精和对自己的严格要求，是所有年轻人应该学习的榜样。

4. 2001 年暑期，我参加了一个由董金祥教授带队的计算机学院教授代表团赴加拿大和美国参加国际会议并作交流访问。代表团阵容强大，包括吴朝晖（现任校长）、王申康（时任计算机学院院长）、陈刚（现任计算机学院院长）等。从加拿大伦敦参加会议后南下到达美国波士顿，其中一个内容是与总部设立在波士顿的全球最大基金管理公司道富银行进行合作洽谈。这项合作也是何志均老师的推动促成的校企合作的样板。20 世纪 80 年代，曾有道富的副总裁来访浙江大学，由何志均教授接待，双方都对彼此留下了良好的印象。特别是道富方面为浙江大学计算机系教师们的科研创新能力和学术勤奋精神所折服，这样一来才有了 20 世纪 90 年代后期软件服务外包行业兴起后，道富公司首先联系何志均教授希望在金融服务外包行业与浙江大学开展全面合作的建议。计算机系派出杨小虎、李善平、周波三位年轻教师驻波士顿，仅半年时间就开发出了一个性能远远超过美国大公司几年才能完成的同类软件。在波士顿交流期间，道富公司与浙江大学进一步加大了双方的合作内容，并将合作方式从波士顿延伸到杭州，包括与浙大网新开展企业合作。此合作的成果在21世纪前10年里一直在全国服务外包行业中名列前茅，影响巨大。这个例子充分说明了何志均老师在计算机学科的产学研合作领域一开始就具有高瞻远瞩的全球观。

　　一个成功的学科一定有一个或多个具有全球化创新视角并且能够团结大多数人共同奋斗的学科带头人，浙江大学计算机学科今天的成功应该感谢有像何志均那样卓越的富有远见的领袖。他不仅在浙江大学开创了两个学科，也培养出了源自计算机学科的两任校长和三位院士。我们庆幸地看到，经过一代又一代人的不懈奋斗，今天浙江大学计算机学科在新的学科带头人引领下正在走向一个新的更高的台阶。

何志均老师与浙江省计算机学会

（门素琴）

今年是我系建系四十周年，大家都在深切怀念我们敬爱的何志均老师。他离开我们快两年了。虽然他创建了我校无线电系和计算机系，但对我来说刻骨铭记的是他在建立计算机系的次年，即 1979 年，他一手创建了浙江省计算机学会。还记得建会初期，学会的挂靠单位尚在浙江省计算所。而我刚毕业分配到该所，组织上指派我担任计算机学会的秘书工作。从那时起我就在何老师为理事长的计算机学会工作，一直到我退休为止。1985 年又是何老师千方百计将我从浙江省计算所调入浙江大学计算机系工作，同时学会也转挂靠浙江大学计算机系。从此我更与何老师和省计算机学会结下了不解之缘。

在长达数十年的与何老师在省计算机学会工作的亲密接触中，何老师踏实精细的工作作风，超前创新的发展思路，对年轻一代关怀培养的高尚品德和伯乐精神，以及在利用学会这个平台扩大我系的社会影响等方面，

● 浙江省计算机学会秘书长门素琴与名誉理事长何志均合影

深刻地铭记在我的记忆中。下面就我所知何老师发挥计算机学会平台作用为我系和我省的计算机事业发展所做的几件突出的事项回忆如下。

在建系和建会初期，就如何突破和发展计算机的广泛应用，他找出一个影响面比较广又是人为因素占主导地位的美术艺术领域。考虑如何使计算机科学技术和美术艺术结合起来。由他的学生潘云鹤教授首先搞起了计算机美术图案设计。他又看准杭州有全国一流的高校——浙江大学和中国美术学院，可以与中国美院在省计算机学会联合组建跨行业跨学科的浙江计算机美术研究中心，使潘云鹤教授的计算机美术图案设计系统脱颖而出。在该科研项目鉴定会上，项目得到鉴定委员会主任、中国美院顶级美术大师邓白教授等的充分肯定和赞扬，进而闻名全国。该项目成为当时国家计算机应用先进水平项目，代表国家计算机应用先进水平，参展日本筑波世界博览会。这一在计算机辅助设计上的突破，也为我系在计算机CAD/CG 领域赢得广泛声誉，以及为我系以后的 CAD/CG 国家重点实验室的建立打下了良好的基础。上述事例足以说明何老师的思想有多创新。

● 浙江计算机美术研究
中心在上海活动

　　何老师又发挥学会广泛的科技人才群体基础。每年在全省范围内举办青少年计算机程序设计竞赛，经常进行优秀软件评选、计算机学术优秀论文评审，从中大力培养、挑选计算机优秀苗子，以学会名义向省及国家推荐跨世纪杰出人才、计算机优秀青年才俊等。这其中就有我系跨世纪杰出人才等如陈纯院士、吴朝晖院士、庄越挺教授等。这些也充分说明何老师是如何想尽各种方法，利用各种渠道重视关怀和培养年轻一代的高尚品德和伯乐精神。

　　何老师还充分利用浙江省计算机学会和中国计算机学会的紧密关系，和兄弟省市的计算机学会的友好合作，多次举办国际和国内学术会议和多地区多领域学术交流论坛，如长三角地区信息发展论坛、IBM-PC的软件推广应用等。此外，发挥学会的人才优势，直接组织学会内的各类专家为我省计算机信息产业布局发展献计献策，如承担"浙江省计算机产业与应用发展对策研究""浙江省'八五'期间和九十年代软件产业发展的研究"等课题，获得省有关部门的采纳和赞扬，

● 1999.11.27　何志均、门素琴和唐译圣合影

当时的叶荣宝副省长也直接拨款支持，还亲自到会指导及参加我会举办的多次活动。而这些课题的完成也极大地锻炼和提高了我系参与教师脚踏实地面向国民经济实际需求，开展科研的实战训练能力。同时也夯实了我系了解掌握我国我省计算机信息领域的需求和方向，为我系科学研究的发展开辟了多种信息渠道，为浙江省计算机事业的发展提供了科学依据和建议。

何老师连续担任省计算机学会理事长四届，且推举潘云鹤院士、陈纯院士、吴朝晖院士等相继担任学会理事长。由于何老师为学会所做的重大贡献，他被大家推举为学会的终身名誉理事长。他除在学会重大事务上把关，还把学会的各项活动搞得有声有色，生动活泼，朝气蓬勃。学会经常组织各类活动，团结全省广大计算机科技工作者，他们都把学会当作自己的学术家园。学会定期召开年会并多次举办中外先进计算机信息产品产销展示会，引进当时国内外各种先进技术和产品以及科研成果，参展单位和参观者云集，极大地推动了我省计算机产业的发展。

● 浙江省副省长叶荣宝
参加浙江省计算机学
会活动

● 浙江省计算机学会理事会合影

同时还到全省地县举办地方学会代表大会，扶持地县计算机信息知识和产业的发展。因而在省科协百余个社团、学会中，浙江省计算机学会经常受到表扬，并数次被评为优秀学会，连我也数度被中国计算机学会和省科协评为优秀学会工作者，这完全是何老师培育教导的结果。

让我们都从与何老师的长期接触中缅怀他的亲切教导和对我们系、我们省计算机事业发展所做的巨大贡献。何老师的丰功伟绩和光辉形象将永远留在我们心中，时时鞭策我们。让我们永远缅怀敬爱的何老师！

浙江省计算机学会活动

何志均：
值得我们永远怀念的人生楷模

（汪益民）

1993年11月我到计算机系担任总支书记时，何志均老师刚刚退休返聘，仍担任着浙江大学计算机学院学术委员会主任。他几乎每天会来系里转转看看聊聊。虽然年逾古稀，但是精神矍铄，思维敏锐，大家都非常尊重他。

记得是2000年秋天的一个下午，77岁的何老师来办公室找我，递给我一封亲手书写的长信，然后和我谈了半个多小时。信和谈话的大意是：他多年来反思到当时所瞄准的国外同类产品已有大的拓展，而国内产品自身又缺乏产品推广的后劲，这也是中国跟踪项目的通病。他认定应该和国外企业在开发上密切合作，只有这样方能缩小差距，与世界的发展同步前进。为此他积极地寻找与全世界软件最发达的美国企业合作的机会，经历多年艰苦的努力和磨合，终于由他在美国的老校友郭以连大姐牵线找到了与美国第一大共同基金服务公司——道富银行进行合作的机会。该公司总部在美国波士顿，是全球领先的金融服务提供商，专注于把IT作为其业务的推动力，在技术应用和开发上处于领先地位，仅全球各个部分的IT从业人员就有4000多人。与道富公司合作不仅有利于历练高水平师资，培养国家急需的一流人才，而且有利于我国向欧美出口软件高档次外包的突破。机不可失，时不再来。他希望我们系尽快抓住这个机会，给予人力、物力和政策上的支持等。

与何老师谈话后，我为他不顾自己年事已高，依然为了祖国计算机科学技术的发展和软件产业的腾飞而奋斗不止的精神所感动。虽然我深知当时"四校合并"不久，系所的教学和科研任务重、压力大，要抽调骨干师资支持何老师的建议确实也存在不小困难，但是我想"办法总比困难多"，何老师的建议很有道理，不容拒绝。我就一方面建议他找潘云鹤校长汇报，另一方面我向系党政联席会作了汇报。联席会上大家一致认为应该支持何老师与道富公司合作的努力。2001年春在校系两级组织的关心支持下，年近八十的何老师动员推荐了杨小虎、周波、孙建伶三位年轻教授由道富邀请去波士顿总部培训、熟悉业务，半年回来后，带领学生组成精干团队，于2001年11月，道富公司和浙江大学签署协议，合作成立"浙江大学道富技术中心"，由潘云鹤校长和何志均担任中方理事。该技术中心开始接受一个道富认为很艰难的任务，仅仅几个月就完成了软件的开发，并让道富公司投入金融交易实际应用，创造了很高的效益，由此大大消除了道富公司对浙江大学存有的顾虑；此后新任务源源不断而来，而参加该"技术中心"的浙江大学学生，也由初始时的15人以每年翻一番的速度增加，到2005年年底已近200人。2003年8月，美国 CIO 杂志以《一朵IT奇葩在中国开放》为题对"浙江大学道富技术中心"进行了专门报道。国家科技部于2004年春召开会议推动中国软件对欧、美出口，而浙江大学对此早已有所突破了，不仅源源不断地培养出大批国内外金融信息行业急需的人才，而且也为我国的外包软件产业打开了新局面。

从1941年进浙江大学求学到2016年离世，何志均老师在浙江大学度过了75个春秋。1945年7月，他在浙江大学以电机系电讯组第一名的学习成绩毕业；新中国成立前夕，他曾在白色恐怖中不顾个人安危，利用实验室掩护中共浙大地下党的革命活动；1953年光荣加入了中国共产党；1960年和1978年何老师在浙江大学先后主持创建了无线电工程系和计算机科学与工程学系，并在短短几年内就令两系取得飞速发展，进入国内先进行列。他几十年如一日，循循善诱，诲人不倦，为祖国社会主义现代化建设培养了一批又一批优秀人才。他的弟子们在多个领域、多个行业取得了令人瞩目的成就，在计算机系成立的短短四十年里仅在浙大就有他的三位弟子先后当选院士，其中两位先后担任浙大校长。

浙江省云惠公益基金会是何志钧先生和他的夫人——前杭州大学党委书记、校长薛艳庄发起，于 2015 年 7 月 9 日在浙江省民政厅民间组织管理局注册的一家地方性非公募基金会。注册资金 500 万元，全部由何志均、薛艳庄夫妇出资。何老师逝世前立下遗嘱，再捐 500 万元给云惠基金会。该基金会奉行的宗旨是致力于扶助社会弱势群体。

何老师的人生经历像催人奋进的号角，时时激励着师生们奋斗不息，勇往直前。他那勇于创新又脚踏实地，不忘初心又默默耕耘的求是学风如春风雨露不断地滋润着后来者，他那种"老骥伏枥，志在千里"的精神，无私奉献、甘为人梯的品德，永远是我们的人生楷模。在庆祝何老师八十寿诞时，浙江大学党委书记张浚生和校长潘云鹤敬贺的题词对他一生作了高度的概括："不断开拓硕果累累，精心育人桃李满园""人品南极出地，师德皓月当空"。

感恩与怀念

（Jerry Cristoforo）

　　虽然已经过去三十多年了，但是和何教授初次见面的情景依然历历在目，是那么清晰，那么深刻，那么甜蜜，那么温馨，那么记忆犹新。那是 1986 年，当时的我充满着对中国对浙江大学的好奇心，带着对何教授的信任和未来的期望，来到了中国，来到了浙江大学。当我踏上浙江大学的土地时，就见到了传说中的何教授。当我紧紧握住他那有力的大手时，不禁仔细打量起他来：身材魁梧，满头黑发，国字脸，宽宽高高的前额显示出智慧的宝藏，浓浓的眉毛下闪烁着一对深邃的黑眼，宽宽的鼻子、厚厚的嘴唇体现出敦厚善良的美德。简单的介绍和寒暄后，我们便进入了双方合作可能性的正题。这次交谈时间不长，但是何教授性情的柔顺，做事的果断，心胸的开阔，知识的渊博，眼界的远大，对技术创新的追求，对现状的永不满足，深深地留在了我的脑海中，刻在了我的心里，恰似老友一般顷刻如故。我觉得何教授就像一块巨大的吸铁石，把我深深吸引住了。我知道他也许对我的未来将产生重大的影响，我的人生轨迹有可能要从此改变。如果说在此之前我走的路可能是一条平坦而可以预知未来的路，一条平庸无需想象力没有挑战性之路的话，那么现在却变了，变得更具挑战性，未来的变化也变得深不可测。但是我愿意，我愿意接受并迎接这种挑战，与何教授合作的意念在我心中已经坚若磐石，因为我们未来的路光辉灿烂。

　　再次见到何先生时已经是十五年以后的事了。我们的合作不但很顺利，而且我有了在中国在浙江大学的第一个办公桌，这个办公桌就在何教授办公桌的旁边。虽然我们说的是两种不同的语言，但是有时会心的微笑，简短的汉语或者英语的交流，总像是在说同一种语言。随着在何教授身边工作的机会越来越多，我发现，无论是在繁星点点的夜晚还是在炎炎的酷午，精疲力竭时他和他的弟子们仍在默默努力地工作着、工作着。每当遇到困难忧心如焚、一筹莫展时，有着坚韧如钢但藏而不露精神的何教授，总会想出新的办法、新的思路、新的技术来应对，最终他们总是能开怀大笑，而且总是会笑得乐不可支。他爱这复杂多变的程序，爱这密密麻麻的代码，他使这枯燥乏味的代码变得像五线谱一样跳动着悦耳的音符，有美感，有生命，有灵感，有灵魂。

他是浙江大学计算机事业的奠基人和总舵手，也是浙江大学与道富公司合作的推手。在他的推动下，我们的合作一天一天地发展着、深入着，我们有了技术中心，有了恒宇，有了恒天，有了文化中心，最终我们有了道富杭州，从几个人的小公司顺利发展到了几千人的大公司。这一系列的成功，让我明白这与何教授合作的缘分是多么可遇不可求，多么珍贵。何教授真像深夜航海中射出光亮的灯塔让我一下子明白了我前进的方向，我该走怎样的路，走哪条路。有了这样的合作者，我怎么会不心花怒放呢？怎么会不感到宽慰呢？何教授是我精彩人生的一部分，他打开了成功世界的大门，让我的人生更有光彩。与何教授在一起我能诠释心心相印的真正含义，即使在一起不说一句话也不会觉得尴尬。

何教授最后一次来到道富公司参观访问与指导，是2013年4月的一个上午。虽然他努力不让疾病的痛苦写在他的脸上，但是苍白消瘦的脸，高高耸立的颧骨，凹陷的双颊，爬满了深沟似蛛网般的皱纹，失去往日光辉的双眼，蹒跚的步履，这一切的一切，都说明他身体虚弱已久。我握着他那不那么有力的大手，我的心一下子沉了下来，感到一股悲凉，一阵寒战，内心不禁喟然长叹。那位满脸笑容、精神矍铄、感情充沛、身体强壮、腰板挺直、步履稳健的英俊的大帅哥哪儿去了？是啊，为浙江大学计算机事业的发展呕心沥血、终日操劳，通宵达旦，夜以继日，浙江大学计算机系自创建以来哪项重大的事他没有操过心？浙江大学与道富公司的合作从开始、深化到最后的成熟，哪件事他没有深思熟虑？浙江大学计算机学院前进的哪一步没有留下何教授的汗水与心血？道富杭州迅速发展的哪一个里程碑他没有参与和指导？何教授承担了太多太多的工作与压力，他怎么会不显老呢？皱纹怎么会不爬满他的脸呢？疾病怎么会不与他为伍呢？老朋友相见，双手紧握时还是那么紧，那么有力，听了我们的介绍和汇报，了解了道富杭州发展的现状和愿景，看到年轻一代"码农"的成长和代码技术的提高，何教授的皱纹舒展开来了，脸上也露出了久违的笑容，双眼也变得炯炯有神了，不时闪烁着智慧的光芒。随后我们就谈起了老话题，计算机、软件、合作、发展、人工智能、当今世界计算机发展的方向、如何创新等，一谈到这些话题，他就笑，眼睛里射出快乐的光芒，脸上也洋溢起对事业热爱的春风来。嗨，他早已解甲归田，沉甸甸的担子也已经交给了年轻人，但是这担子还搁在他的脑子里，永远留在了他的心里。计算机就是他的事业，就是他的灵魂，就是他幸福的源泉，也是他的过去，他的现在和他的未来，是他生命的一部分。他的生命永远和计算机事业连在一起、融合在一起了。

目送着何教授的远去，但是我却心如刀绞，心里泪水涟涟。这一天我都无心工作，两眼望着窗外。哦，已经傍晚时分了，我依然什么也没做，什么也无法做，窗外傍晚的一抹晚霞竟是如此的绚丽，如此的多彩，如此的壮观。我多么希望这晚霞能永远永远地留在天空，留在我的眼前，留在我的身边啊。

我常想，我们失去的朋友不是长眠在地下，而是深藏在我们的心中，他永远陪伴着我们。每当我遇到困难犹豫不决时，我常常会向他请教，和他商量。然而这一切的一切，都藏不住何教授离我而去的痛苦与彷徨。

仰之弥高，钻之弥坚。瞻之在前，忽焉在后。何教授之谓也。

怀念恩师何志均先生

（林峰）

对于我们恢复高考后首三批（1977—1979 级）浙江大学计算机系和无线电系的学生来说，创立这两个系的何志均老师就是学界泰斗、人生慈父！我们是在浙大三分部之江校园见到这位微微发胖、谜一般的系主任的，讲台上马步前倾、神采飞扬，兴奋之际会露出孩童般的笑容。人工智能这门课就是何老师亲自讲授的，他从人番渡河的经典例子引入，循循诱导，一下子把我们带进机器逻辑和自动学习机制的深奥世界；时至今日，大数据挖掘和人工智能应用已经普及，我仍记得何老师这位先驱当年的教诲。

1983 年我有幸考入浙江大学，成为先生的研究生。他了解到我有些美术爱好，即将我交给他的首届研究生潘云鹤老师带领，让我进入智能 CAD 研究领域，参加国家攻关项目。对他的每一个弟子，先生悉心栽培，竟然出了两位浙大校长、三位院士。鉴于何教授在人工智能和计算机图形学领域的崇高地位，经他推荐，我们这些弟子纷纷踏出国门深造。我在德国 Fraunhofer 计算机图形研究所和新加坡南洋理工大学期间，先生都来过，每次都非常关心我们的工作进展，畅谈学术研究；而他自己每次回程行李总是装满沉甸甸的学术资料。

何老师是学院里备受爱戴的"老板"。他病重在家时，我和家人从新加坡去看望老师和师母。92 岁高龄的老师坦然面对人生，坚强地用手护架步行，拿来一本"浙江大学道富技术中心"的成长历程介绍,亲自为我写上嘱咐。作为老师的一位早期学生,我完全理解他的心愿!

● 2003 年 12 月,1979 级部分同学回浙江大学参加何志均老师 80 寿诞

我的恩师何志均

童雪君（童学军）

我是浙江大学计算机系 1983 级的人工智能硕士生，最大的幸运就是从一开始就受到何志均老师、俞瑞钊老师的指点和关怀。虽然时间已经过去了 35 年，何老师的故事好像就发生在昨天。

何老师的敬业是大家众所周知的，我本人也有深刻的印象。那是 1987 年的夏天，我和杨涛的论文都被在米兰召开的世界人工智能大会采用，我们俩还分别受邀担任小组论坛的组长。何老师知道后非常激动，向教委打报告要求把他从教委派的代表团中除名，换成我和杨涛。教委知道后破例同意把我和杨涛的名字加入中国代表团，就这样我们高兴地准备启程了。临走前，何老师让我们自带了很多方便面、压缩饼干，以便把教委发的每日生活费省下来。在意大利的一周时间，我们每天吃方便面、压缩饼干配自来水，看着别的国家参会人员能吃大餐，我心里觉得很委屈，直到会议的最后一天，突然发现何老师用省下来的生活费买了大会的论文集和其他一些计算机设备，我才恍然大悟，心里的委屈一下子就消失了。这样敬业的导师，又怎能不让人肃然起敬呢？

追忆导师何志均先生二三事

（杨涛　曹学军　王卫宁）

往事如昨，历历在目。我们有幸成为何志均先生的 1984 级和 1985 级研究生，目睹了何先生创立的浙江大学计算机系早期发展。当时因刚改革开放，长期的封闭导致国内外水平差异非常大；有计算机专业的院校不多，对计算机专业教育也基本处于摸索阶段，大多采用国产计算机，有机会用计算机的时间非常少。然而，何先生为我们创立了很好的上机条件，引进了多台当时国际先进的 CROMIX/UNIX 计算机。

何先生利用他的信息渠道，了解国际前沿动态，排除非议，大胆引进国外原版教材，亲自带头推广采用英文原著上课的方式。虽然我们开始读那些英文书籍非常吃力，但是经过这一关后，因为可以更深刻理解教材作者的本意，我们就更愿意读原文的教材而不是别人翻译的教材。这些对我们快速缩短与国外的差距帮助极大，等于从一开始我们接受的就是国外最新科技的教育。这一高瞻远瞩的决定，让我们在浙大所得到的计算机专业教育，有了非常扎实而且与国际接轨的基础，让我们后面的成长，在继续深造和专业研究过程中，游刃有余，并不断达到新的高度。这些都离不开当时何先生帮助规划的基础教育。何先生无愧于教育改革家的称号。

何先生一直非常注重理论与实际的结合，并积极与系其他教授合作把这些教育理念贯穿在计算机系的课程教学和毕业设计安排中。比如在早期操作系统这门课中，结合当时 20 世纪 80 年代最先进的 UNIX 操作系统，他要求所有学生去读原码。这在当时国内高校计算机系的教育上也是首开先河，为浙江大学的毕业生在系统开发水平和能力的提高方面起到了很好的作用。他自己亲自教数据结构算法和自动机理论，帮助学生打下坚实的基础。

作为研究生指导导师，何老师积极鼓励我们探索人工智能和相关的计算机前沿领域，掌握最新科技动态，帮助我们快速成长，发表研究成果。在我们的论文被国际前沿会议录用后，在计算机系科研经费不是太充裕的情况下，全力挤出经费让我们能有机会在研究生阶段就去国外参加国际研讨会，与发达国家的同行面对面交流。同时为我们创造机会，让我们到国外继续学习。

作为人工智能早期的领导者，他对机器学习、大数据应用研究和进步特别感兴趣。像很多老一辈科学家一样，他对研究非常认真的态度，一直影响着我们。1992 年他出访美国，在他来 Rutgers 大学做浙江大学人工智能方面的学术报告前，他非常认真地准备了讲稿，并在宿舍里预讲了数遍，让我们提意见，来回不断修改细节。他所考虑的是怎样把浙江大学计算机系从人才、技术、发展上最好的一面，展示在国际同行面前，为浙江大学创造出更多的机会站立在国际科技前沿。

在国外留学和工作期间，他一直跟我们和别的研究生保持着邮件联系，关注着每个人的进步，每年都会把浙江大学计算机系的进展及他的期望转达给每个海外学生或访问学者。与很多中国教育者不同，他一直激励我们不仅要致力尖端科技方面的研究，更重要的是做有影响力的研究，把我们所学的知识和技能转化为成对社会有益的应用。即使在退休后，他仍继续关心鼓励我们。每次和我们见面时，他都会谈论这些事情，比如如何将中国软件技术输出到世界，还说自己还想做很多事，工作一刻都不能停。

　　最后提一下，在生活上，他老人家非常俭朴，平易近人。在美国考察交流期间，为了给浙江大学计算机系节省差旅开支，不住酒店，挤在我们的研究生公寓里。有趣的是，当我们把他的衣服用烘干机烘干后，他还惊讶说这比晒干的要软和平整多了。他关心着所有他的学生，会写信给我们，"若某人暂时遇到困难，希望大家互相帮助"。

　　何先生教书育人的点点滴滴，时刻鞭策并激励着我们，我们为有这样一位人生导师而感到幸运与自豪。

我所知道的何志均老师

（胡立毅）

　　何志均老师 2016 年 6 月 2 日去世了，享年 93 岁。听到这个消息，我心悲戚。凌晨醒来，忆起何老师的音容笑貌，很是怀念我尊敬的师长。何老师对浙江大学和中国计算机行业的贡献，大家已经熟知，或者可以在网络上看到，毋需我在此赘述。我想写一些我和何老师之间的个人交往，以寄托哀思。

　　1986 年至 1989 年，我在何老师领导的浙江大学计算机系人工智能研究所工作过三年。我并非他的学生，而是他的下属。在东南大学研究生毕业前几个月，我写信给他，向他介绍了我学习的领域，并附上我的两篇论文，询问他是否需要数据库方面的人。他回了一封长信给我，说他正需要该方面的人，并描述了他们的研究课题和设想。后来他把一切都安排妥当了，我毕业之后就分配去了浙江大学。他还把我安排在他自己领导的人工智能研究所，让我参与当时系里大型的计算机辅助设计项目，叫我和董金祥老师开发工程数据库，以支持该项目的数据储存。因为何老师，我自己都没有花多少力气，就得到了一个理想的工作。我觉得很幸运，很感激他的帮助。

　　在人工智能研究所，何老师每个月会安排一次活动，或者吃饭，或者出游观光。这是令其他组的人很羡慕的事。20 世纪 80 年代的中国，物质条件还相当落后，上好的餐馆吃顿饭，对一个年轻人来说是一次很高级的享受。在何老师带我们去吃的饭中，我还记得知味观的东坡肉和山外山的金针菇的美味。1988年的某月，何老师带所里的人去杭州城里的便宜坊餐馆吃饭，我因什么事情没能去成，觉得很遗憾。当晚九点多钟，住在同楼楼下的陈纯来敲我的门，给了我一只大纸袋，对我说："何老师看你今天没有去吃饭，叫我带一盒烤鸭回来让你尝尝。这里边还有其他几样菜。"那个年代在杭州吃烤鸭可是件了不得的事。杭州的饭店众多，至今便宜坊仍然是最令我感动的饭店。

说起吃饭的事，去年杭州的一个记者，在何老师发起成立"云惠教育基金会"时所写的采访文章中，有这么一段文字："学生们对何志均的敬佩和感恩之情是发自内心的。2003年，何志均八十大寿，浙江大学计算机学院为这位创始人办寿宴，大家吃完寿面，都高兴地把盛面的碗带回去收藏，一些弟子说，这还有'不忘何老师给我饭碗'的寓意。"

何老师除了给我一个饭碗，后来他还给了我一个茶杯。我对茶的爱好源于何老师。2006年何老师的女儿小清来美国访问，何老师让她给我捎了两罐西湖龙井茶叶。那时我并不是个喜欢喝茶的人，但何老师的茶叶使我开始体会到了龙井茶的妙处。其香醇沁人心脾，其回味甘甜怡人，龙井茶使人身心舒畅。我写了电邮给何老师，对他的礼物表示了谢意。

第二年，他托来硅谷的学生给我带了两罐茶叶，一罐是西湖龙井，一罐是安吉白茶。那罐龙井提高了我对茶叶的喜爱程度，而那安吉白茶使我对茶叶产生了痴迷。安吉白茶的味道清淡而持久，冲泡多次依然清香。其形状是苗苗条条的，茶芽比一般的茶叶要长得多。冲泡时茶叶会倒挂着缓缓从杯面下沉，然后许多枝的茶芽会半浮在水中间，像是一朵朵开放的绿色小花。那花儿会在杯中悬挂很久很久的时间。凝视着手中的茶杯，我突然感受到大自然的春光在我的眼前慢慢回放，春天的微风在我头顶徐徐吹过。从此，我对茶叶开悟了！

2008 年我回国时，跟何老师讲述了我对该茶叶的上述感受，他非常高兴。他说："这茶叶是潘云鹤送给我的。我猜你会喜欢，所以转送给你，看来我送对人了。"

从那以后，何老师每年会托人带茶叶给我和他在美国的亲戚朋友。每年新茶上市，他会让来旧金山的浙大人带几斤茶叶到我这里，内附一封信，介绍所带茶叶的出处和特点，怎样分配茶叶给我和他的亲友的指示以及亲友的地址。他总是让我比他的亲戚还多拿两罐。

许多年来我一直在享用着何老师送给我的茶叶，现在想起何老师已离我们而去，我哽咽了……

人生无奈。人生七十古来稀，每个人都会回到他在天上的永久归宿。何老师93 岁的高寿对我们来说，也算是个安慰了，而他生前对生命的热爱更令我肃然起敬。近年来何老师一直在跟疾病作顽强的斗争。我最近几年回国去看望他时，他的夫人薛老师会跟我讲些何老师生活上的事。为了康复，他每天会坚持做力所能及的运动。前两年是让保姆带他到楼下的街面上，自己推着助步器走路。他们住在二楼，这两年下楼不方便了，何老师还是会在家里做运动。他们住的房子仍然是二三十年前学校分配给他们的房子，并不大。何老师会从房子一端的卧室，推着助步器走到阳台，在阳台做伸展运动，再回来，如此每天重复几十次。

有一年的早春时节，我去他们家时，谈起我刚收到不久的何老师的新年贺信。每逢新年，何老师会写一篇三四页纸的年终总结，附在他给亲友学生的新年贺词的信件或电邮上，告诉大家过去一年他所经历的要事。薛老师告诉我近几年来何老师是怎么写那信的。近年来他的健康状况使得他要付出很多的力气才能在计算机上输入文字，所以他每天只能写一小段，但每天坚持着写，要几个星期才能完成。薛老师让他叫一个学生来帮助写作或输入，但何老师没有同意，一直坚持着要亲自来写自己真实的感受和经历。每年读何老师的长信，我都很感动，能真实感受到他做事的坚强毅力、与疾病作斗争的巨大勇气和对生命的无限热爱。

除了他的非常意志力令我敬佩，何老师的记忆力也令人赞叹。他对几百名学生、同事的以往和现状都能记得清清楚楚。有一次我回国拜访他，我们谈起了浙大与美国的道富公司合作成立公司的事情，何老师对多年以前的事都能记得。他大致说了这样的话："两者的合作可以追溯到1987年杰瑞来浙大讲学这件事上，我们是从那时候开始认识的。当时还是你给杰瑞做翻译的，他对你颇有好感。"我替杰瑞做翻译的事，我自己也忘了，而何老师还记得。

我想何老师能够记住周围人的许多事情，不但是因为他有惊人的记忆力，更是因为他对别人的无比关爱。他广受师生们的尊敬和爱戴，不只是因为他专业上的知识和能力，我想更主要的是因为他的为人。他对学生的关怀和爱护是出于他内心的真诚和无私，超越一般老师的责任。

而且何老师的关爱是面面俱到的：不但是生活上的关怀和学业上的指导，还有工作、人生上的引领。比如说，在20世纪80年代，出国留学并不是每个人都赞同的事，而何老师很公开地支持。他觉得去国外学习新技术、发挥个人的潜能、追求美好的生活，这是好事。所以他对有兴趣出国留学的学生、老师都给予很大的支持和鼓励。

何老师的通达也体现在他对新观点的接纳上。他支持教学改革，乐于引进国外的教学方法和理念。另外，他也不断更新自己的个人观念。例如，双赢（win-win）这个概念，我就是从何老师那里第一次听到的。我每次去拜访何老师，都会从他的谈话中受益。听君一席话，胜读十年书。

何老师是个充满爱心的人，一个通达的人，也是个乐观的人。对早年经历的战争和苦难以及"文革"中的遭遇，他都能坦然处之，乐观地看待生活中所发生的一切。仙人已逝，而我坚信何老师是希望我们活着的人都能快乐地活着。在缅怀他老人家之际，也让我来讲述两件与他有关的轻松的轶事。

1990年何老师来美国，先抵达洛杉矶。因为我在洛城的南加州大学，他让我去接他。我在机场接到他之后，在回来的路上，他并没有长途飞行之后的倦意，还是颇有精神。当时我来美刚一年，一个月之前才拿到驾照，上高速公路开车心里还是紧张得很。当时是晚上，又增加了紧张的程度。何老师并不知道我是驾车新手，对我的车技毫无怀疑。他跟我兴致勃勃地谈起了这次来美的目的和安排。我要与他应答，心里更紧张了。幸好是在晚上，他未能看见我握着方向盘的双手有点发抖。这样战战兢兢地开了50分钟，终于到达了他的旅馆。回到学校之后，我大大地松了一口气，庆幸自己平安无事地完成了接送何老师的使命。

1993年，何老师来参加美国计算机协会的图形学会议。这次我去接他，开车一点问题都没有了，能够自如地与他在车上对话了。会议的地点是在洛杉矶南边的城市。为了方便我们，他就在我们的只能容得下一个人睡的极小的客厅里，住了一夜。虽然我们很过意不去，但他并不介意我们住处的简陋。本文所附的照片，就是在我们的公寓里拍的。

当时计算机图形学和计算机辅助设计是浙江大学的主要研究课题，我和太太以前都曾参加。所以图形学是我们三个人都关心的事情。20世纪90年代也是图形学飞速发展的阶段，开始在多方面得到应用。他和我们一起住，使我们有更多的时间与他交流。我记得那时我们谈论了我和太太刚刚看过的电影《侏罗纪公园》。该电影是电影史上第一部计算机产生的图像能够逼真到与实物无法区分的电影，在电影史上和计算机图形学史上是一个里程碑，所以我们当时与何老师谈论该电影的情形还历历在目。我们对电影中计算机图像与实体的完美结合惊叹不已。看电影时，我们坐在靠前的位置。有一个大大小小的恐龙群从大平原奔跑而过的场景，使我们感到非常震撼。恐龙从实验室中破门窗而出向观众直奔而来的画面，吓得我们心惊肉跳。何老师听得饶有兴趣，和我们一起惊叹计算机图形学所取得的成就，为之所喜。

后来我们送何老师去开会，同时一起参加会议上的展览。我至今还记得我们对索尼公司展示的高分别率显示器很感兴趣。因为高质量的显示屏能让你的程序产生的图形显得更加真实、更加美观，所以是搞图形学的人非常向往的仪器。我们在那里驻足良久，看着屏幕上色彩缤纷的热带鱼，真可以用垂涎欲滴来形容了。

1993 年的这次访美是何老师最后一次来美国。时光荏苒，白驹过隙，转眼间23 年过去了。

现在何老师永远离我们而去了，但他的关爱和精神将与我们长存，我们对他的记忆也将长存。

● 与何老师合影

锲而不舍　玉汝于成

——何志均教授创办浙江大学道富技术中心记事

（杨小虎）

时光飞逝，转眼间何老师离开我们已有两年，但老师的音容笑貌犹在，很多事情仿佛就发生在昨天。

我是 1984 年进入浙江大学，1987 年起有幸成为何老师的学生，跟随老师完成了我的本科、硕士和博士阶段的学习。特别是 2000 年起，何老师亲自带领我们一批年轻教师和学生，与美国道富公司合作创办浙江大学道富技术中心，成功开展大规模国际化产学研合作。在这十多年里非常有幸和何老师密切接触，深刻地感受到何老师富有创新的远见卓识、锲而不舍的坚定信念和关爱他人的伟大情怀。

我们与道富公司的合作，现在回顾时觉得好像有一些偶然性，但如果没有何老师的坚持，是不会有这个偶然发生的。1994—1995 年，何老师虽已年过七旬，但思想还是非常活跃，对计算机发展前沿十分了解。他时常找我、李善平、孙建伶、周波等一些刚毕业的博士交流，讨论今后的发展方向。当时中国的计算机行业发展很快，表面上很兴旺，但我们分析后认为有些问题：一是学校的科研与产业界的实际应用脱节；二是国内的计算机产业技术水平低、企业规模小，很多公司只是在做国外企业的销售代理。何老师认为，要解决这些问题，我们必须开展国际合作。同时，何老师非常认同市场经济的公平竞争原则，他认为不论个人或单位，只有在公平竞争环境下成长起来，才有真正的竞争力和市场价值。而与国际一流的企业合作，可以让我们直接与国际一流水平的研发团队对接，掌握高水平的技术和管理能力，同时使我们的科研工作经受国际化市场经济的考验，具有更强的实际应用价值。

1995 年起，何老师亲自动笔并带我编写了一份材料，介绍我们所从事过的科研项目和业绩，我们的研发能力、合作意向和初步合作考虑，等等。这份材料我记得有四五页 A4 纸，有点像现在所谓的创业商业计划书。材料有中英文两个版本，中文稿由何老师亲自执笔，英文稿何老师翻译了一部分，我翻译剩余部分。何老师不断地把这份材料发给他在国外的学生和朋友，当时电子邮件还不普及，主要是通过邮局寄出。何老师还利用一切与国外产业界接触的机会，把这份材料散发出去。随着时间推移，我们还不断修改。前面 5 年中，寄出去的很多信件石沉大海，很多次的接触和努力都没有结果，我和一些年轻教师很有些心灰意冷。但何老师始终没有放弃，继续在努力。这种认定目标锲而不舍的执着精神实在值得我们学习。

2000 年 8 月的一天，我接到何老师的电话，告诉我有家美国公司的技术主管要来中国。他告诉我，来人叫 Jerry Cristoforo，是何老师老浙大电机系一位同学郭以连的朋友，1986 年曾经来过浙大，当时是美国波士顿大学的教师，来浙江大学讲授数据库，现在是一家名为道富的美国金融公司的高级技术主管。郭以连老师准备 9 月份来浙江大学参加校友会，Jerry 愿意一起再到浙江大学看看。这个电话改变了我的命运，也改变了很多人的命运，我们的国际合作之路终于起步了。

我们和道富合作起步时条件比较艰苦，4 位老师和 15 位学生蜗居在何老师办公室改造的 20 多平方米的实验室里。道富公司有一个 20 世纪 80 年代开发的股票交易系统，随着业务的发展，这个系统出现很大问题，每天死机，性能低下，用户抱怨。道富公司想重构这个系统，美国一家著名 IT 公司提了一个方案，要 1500 万美元，1 年时间，道富觉得难以接受。这时正好与浙大合作的技术中心成立，

Jerry 提出把这个难题交给我们，要我们在半年里把它救活。当时道富公司对我们的技术能力还没有足够的信心，其实是抱着一种死马当活马医的心态。何老师坚决支持我们把任务承接下来，告诉我们只有把第一个任务做好才能打开合作的局面，不管有多大的困难都要上，要有初生牛犊不怕虎、天不怕地不怕的锐气。另一方面他也充分信任我们，认为我们有能力完成任务。

等我们拿到系统时，发现情况比我们想象的还要困难。70 万行的源代码，没有一点文档，原来的开发人员都离开了，没有人可以回答我们关于系统的问题，一切要靠我们自己。我们夜以继日地工作，读源代码，理解运行逻辑，发现内部错误并改正，在新的平台重建，通过一系列严格测试，我们只用了 5 个月就完成了任务，新系统交付投入运行，系统稳定，不再死机，性能提高到原来的四倍。2001 年 9 月我到道富总部访问时，他们的交易主管非常兴奋地对我说，"这个系统就像一朵花，原来已经枯萎了，现在你们把它救活，又重新开放了"。2003 年 8 月，美国 *CIO* 杂志专题报道了道富公司与浙大的合作，标题就用了 *An IT Flower Blooms in China*（《一朵 IT 奇葩在中国开放》）。我们的工作成果在道富公司内一炮打响，充分赢得他们对浙江大学计算机软件研发能力的信任，打开了广阔的合作空间。到了这个时候，我们才深切体会到何老师的坚忍精神是多么的重要和宝贵。"锲而不舍，金石可镂"，只有经过长期不懈的努力和奋斗，才有机会取得巨大的成功。

2001 年年底，我们和道富公司开始合作时，道富总部要我们提交一个 5 年发展规划。我凭经验提出了一个 5 年计划，从 2001 年的 10 多人发展到 2005 年的 50 人左右。当时计算机系也很少有几十人的大团队，美方合作主管 Jerry 也和我说，长远的目标是在杭州有 100 人左右的团队，那就很好了。何老师当时没有说什么。到 2002 年年中，我们出色地完成了第一个项目，在道富总部产生很大影响，公司一下子给了我们不少项目，人员增长到 30 多人。何老师马上指出，要有远大目标，长远目标是在杭州有 1000 人的团队，要办企业，把优秀的学生留下来。当时我们觉得这是不可能的事情，那时在杭州最大的软件公司也只有一两百号人，国内最大的软件企业才有一两千人，道富的 Jerry 也觉得压力很大。但何老师认为这是可能的，他多次给 Jerry 写长长的电子邮件，说服他支持这个远大的计划。有些邮件他用中文写后由我翻译成英文，我记得一些内容。何老师说，道富每年花在 IT 系统上的开支有 20 多亿美元，这说明道富有巨大的需求，这也是我们面临的巨大市场，而浙江大学计算机系每年有数百位优秀学生入学，在校学生有几千，这些学生都是中国学生精英中的精英，他们如果有合适的机会，一定能发挥巨大的作用，而且他们的研发能力一定能在国际上赢得一流的地位。何老师特别指出，浙江大学计算机系的师生在杭州创办一个千人规模的国际一流软件企业，应该是我们大家的一个共同目标。渐渐地，我们团队，还有 Jerry 等道富高层，都认同了这个目标。这个目标成了我们大家的"同一个梦"！这些分析充分体现了何老师的远见卓识，时至今日，在浙大与道富产学研合作基础上孕育产生的道富杭州和网新恒天两家企业的人员规模合计已超 5000 人，已成为国内外有一定影响力的企业。

综观何老师一生的事业发展，创办浙江大学无线电系、计算机系、人工智能研究所、道富技术中心……如果一般的人，做了其中一件事，就足以自豪，但何老师做了这么多，真正体现出他是一位伟大的远见者、开拓者和奠基人，而且他每次开创的新事业都会改变一大批人的命运，给大家打造广阔的发展空间，在国内外产生广泛而深远的影响。他创办道富技术中心，改变了我和近千位浙大师生的命运，我们培养的近千位学生在中国的金融科技产业领域发挥着重要的作用；何老师也改变了道富在全球各地不少人士的命运，Jerry 就多次和我说，何老师改变了他的人生。何老师 20 世纪 80 年代创办人工智能研究所，30 年后的今天我们迎来了人工智能时代。得益于何老师当初的远见，因此浙江大学才能在今天人工智能时代牢牢占据着制高点。何老师的远见卓识令人佩服，我觉得更难能可贵的是他虽年岁已高，但不因循守旧，思想一直十分活跃，创办道富技术中心时已年近八旬。他的一生真的是不断开拓、不断创新的一生。

何老师对学生的关爱和扶持一直为人称道，大家有目共睹，在道富技术中心发展的十几年过程中，我更有感受。对于年轻人，何老师一直是充分信任、充分授权。道富合作起步后发展非常迅速，人员规模从最初的十几人，发展到2002年40人，2003年80人，2004年150人，2005年350人……这样的发展速度，连我们自己也根本没有想到，这完全得益于我们对年轻学生的充分信任和大胆使用，所有的项目组长、项目经理都是还在读的研究生。他们虽然年轻、缺乏经验，但他们聪明、投入、热情高涨，很快就成长为优秀的全球化软件技术和管理人才，和他们密切合作的道富美方人员往往是他们的父辈年龄，多次和我说，开始时觉得这些学生太年轻了，有些担心，但一般几个月后就成长起来，很优秀。这些学生后来大部分留在了道富杭州和网新恒天，成为企业的骨干，支撑着企业的发展壮大。

除了给年轻人充分的发展空间，何老师还十分关心他们的经济收入和生活。道富合作一开始，何老师就指出一定要让参与项目的同学有好的经济收入，这一方面是让他们能安心工作，另一方面也是对他们辛勤工作的合理回报。他说年轻人经济基础薄弱，却是最需要钱的时候，要谈恋爱、结婚、买房子，所以利益分配上一定要优先考虑他们。道富技术中心刚成立时，因为经费有限，何老师和我们讨论决定，科研经费中的劳务费都发给学生，我们教师都不发。后来成立了公司，学生的报酬不是以实习生的标准，而是以公司正式人员的标准、根据学生在项目中承担的工作发挥的作用发放。所以当时这些还在读的研究生，每月可以拿到数千元，年收入近十万元，道富技术中心在学校里声誉鹊起，要求加入的学生接踵而至。我觉得学生们在意的不仅仅是钱，更多的是对他们价值的尊重、对他们生活的关爱。学生毕业留在公司里工作，不是按照市场上刚毕业学生的薪资标准，而是按照他们在公司里所承担岗位的应有收入，2005—2008 年当时很多学生毕业时留在公司工作的薪资在国内行业中位居前列。何老师对年轻人的关爱，充分体现了他一生中一直以来对他人的关爱。何老师在生命的尾声，捐巨款创立"浙江省云惠公益基金"，资助外来务工人员等社会弱势群体，更是把他的大爱撒向广大的社会。

桃李不言，下自成蹊。何老师的远见卓识、坚定信念和大爱情怀是一笔巨大的精神财富，深深影响着我，影响着周围很多人。何老师不仅仅是我学业上的导师，更是我的人生导师和楷模，值得我一辈子认真学习。何老师开创的事业，需要我们一辈子去努力工作，发扬光大。

● 2003 年 11 月接待道富总部 CIO

●2013 年 4 月，何老师参观道富杭州公司

导师给我指引

（孙建伶）

1989 年冬天是一个寒冷的季节。硕士研究生学制由三年改为两年半，上一届同学刚刚毕业，我们跟着要找工作。年底用人单位没有指标，来年计划没有着落，尝试过很多单位，都不顺利。那是一段迷茫的日子。

就在这样的冬季，一天早晨，我的导师，尊敬的何志均先生，来到我们位于玉泉八舍的寝室。当时天还早，还有同学没有起来。何先生仔细询问我们毕业论文的进展，关心我们工作单位的落实情况，勉励我们面对暂时的困难，并建议我和寿宇澄同学继续攻读博士学位。这一天是我职业生涯中最重要的一天。何先生在我人生的关键时刻，指引我走上一条最适合自己发展的道路。

● 1993 年博士论文答辩

1987 年我从华中工学院（现华中科技大学）考上何先生的硕士研究生，是当年人工智能研究所录取的 5 位硕士生之一。读研期间，何先生给我们 5 位同学单独开设计算理论课程。何先生放弃现成的教案，重新选用当时最新的一本教材，备课和讲课都付出了很多心血。犹记得当年在玉泉校区教十一何先生给我们上课的情景，那时何先生已经 65 岁了。

何先生一向尊重学生的志趣和选择。我硕士研究生和博士研究生初期，一直在计算机视觉项目组从事野外自动驾驶车的研究。但限于当时的研究基础和技术条件，个人感觉难以在短时间内做出重要的成果，因此一度陷入困窘。那时候国际数据库界也正开始一场变革。关系数据库由于建模能力以及编程范式的制约，不能满足计算机辅助设计等工程领域的复杂数据管理需求，面向对象数据库应运而生。何先生敏锐地捕捉到这个机遇，亲自领导了面向对象数据库系统的研发。我于是向何先生提出，转向下一代数据库系统方向，何先生尊重我的选择。之后不到三年，在课题组的通力协作下，实验室研制出面向对象工程数据库系统 OSCAR，并在计算机辅助设计等领域得到应用验证。我本人也于 1993 年 10 月完成博士论文。那年的博士论文答辩会很是隆重，何先生的四位博士生（李善平、吴朝晖、寿宇澄、我）一起参加答辩。何先生请来学界同仁，包括中科院计算所林宗楷研究员和刘慎权研究员、国防科大吴泉源教授，连同潘云鹤教授和何老师自己，一起组成答辩委员会。答辩完成后，我们与导师合影留念，也和答辩委员会全体教授合影留念。何先生那一代学人严谨认真的学术精神，以及彼此之间纯真的友谊给我留下了深刻的印象。

1993 年年底我博士毕业留校，那时何先生已经 70 岁了，刚刚退休。按一般人的想法，退休后该好好享受生活了。但是何先生依然思考着中国计算机学科的发展方向。何先生鼓励我们走国际合作的道路，在国际舞台上检验自己，提高自己。

期间何先生也经历过很多次尝试和失败，但始终坚持。一直到 2001 年，在浙大老校友郭以连女士和美国友人柯杰瑞先生的鼎力帮助下，何先生终于带领我们几位年轻弟子创立了浙江大学道富技术中心，由此走上了国际化产学研合作的道路。我个人职业生涯中最重要的一段时期，也由此在导师的指引下一路走来。

在与导师的交流接触中，何先生做事务实认真的态度让我深受教育。早年当我还是研究生时，投稿中了一篇国际会议论文。准备会议宣讲的幻灯胶片时，由于没有经验，存在一些格式和文字问题，何先生严格要求，指示我做修改以达到国际会议专业水准。

何先生做事认真，体现在各种细节。记得有一次出差报销，何先生的出租车发票背面，乘车的起点和终点，以及具体事由都写得清清楚楚。

2009 年秋天我陪同何先生到上海做脊椎穿刺手术，但手术过程不顺利。回杭后，我深感医学技术的局限，同时不忍再看到老师遭受治疗之苦，于是推荐了一家骨科医院。但我仅凭身边人的经历，未做全面的调研和论证。最终我的建议未被采纳，这本来也很正常，但没想到何先生给我写了一封很长的信，仔细给我解释原因，同时安抚我的好心，这让我很受感动。

我跟随何先生近三十年，和很多同学和同事一样，在何先生创设的平台上发展，感恩何先生的培养和教导。在感佩何先生丰功伟业和高风亮节的同时，我也感受何先生精神力量的指引。

孔子有句话说："不得中行而与之，必也狂狷乎！狂者进取，狷者有所不为也。"何先生是这个时代罕见的中行者。从中国传统文化视野看，何先生是大音希声的智者，是知行合一的楷模，是鼎新革故的开拓者。何先生没有留下鸿篇巨著，也不在意理论建构。何先生的理论都在他的实践中，何先生的实践就是他的理论。何先生祖籍余姚，这是明代心学大师王阳明的祖籍。在何先生身边的日子里，我深切领会到何先生心学大家的风范。何先生不被外界环境左右，而是遵从内心的良知。何先生不满足于现状，总是在追求理想。碰到障碍的时候，何先生不怨愤，不退隐，而是面对它，解决它，超越它。何先生是传统心学在我们这个时代卓越的践行者。

何先生给我们后辈学人留下了宝贵的精神财富，值得我们凝练总结，作为我们行动的指引。

● 1993 年博士论文答辩（专家合影）

● 1993 年博士论文答辩（师生合影）

回忆何志均先生
指导下学习研究的二三事

（鲁东明）

何志均先生是我的恩师，是我学业生涯中的指路人，也是我教师生涯中的榜样。1983 年的我尚在高中时期，一次很偶然的机会在《科学 24 小时》杂志上读到了一篇文章，讲的是浙江大学计算机系是如何在何先生的带领下在人工智能领域取得了重大研究成果的，这让我对计算机萌发了兴趣；于是，1985 年当有机会免试进入浙江大学学习时，我毫不犹豫地选择了计算机作为自己主修的专业，从此与计算机结缘。回忆何先生指导下的我从本科到硕士、到博士生的学习经历，历历在目，仿佛就在昨天。何先生指导学生的理念、关爱学生的精神，令我终身受益。写下二三事，以表示对恩师的怀念与感激。

1988 年参与"东方饭店宾馆信息管理系统"的开发
——科研能力的培养：学习和坚持

1988 年 6 月的一个上午，我来到位于玉泉校区第十一教学楼二楼的人工智能研究所办公室向何先生报告学习进展情况。临走前，何先生告诉我想让我暑期去北京东方饭店参加"宾馆管理系统"的项目开发，问我是否有兴趣参加。因没有任何科研经验，我当时有点畏难。何先生一方面鼓励我肯定能胜任这项工作，另一方面为我安排了指导老师与有经验的研究生师兄带我。7月初来到北京，我承担的具体工作是宾馆电话管理与计费系统，关键模块是用汇编语言通过 RS232 接口从程控交换器中读取通话记录进行计费。开始阶段工作进展很顺利，我调研了宾馆方的需求，学会了 FOXBASE 数据库编程以及汇编语言的 RS232 通讯开发，感到信心满满。到 7 月底，连续一个多星期的现场调试，计算机从程控交换器中只能读到一串乱码，我开始焦虑，信心不足了。8 月初，何先生到东方饭店看望小组成员，发现我的状态，说："科研攻关就是有技术难题需要跨越，只有坚持才能攻克；同时，不能蛮干，要突破固有思路；目标不变，手段可以变换。"朴素的一段教诲与指导，让我重新建立了信心。接下来一周，我考察了友谊宾馆、丽都饭店等一批系统，通过分析比对，终于总结出规律，取得了预期成果。9 月初，我圆满完成了承担的任务。两个月的实习经历，开启了我的科研生涯。

1991 年参加"人工智能学术研讨会议"学术交流
——学术圈子的进入：严谨和细致

1991 年 5 月的一天，何先生将我们一批师兄弟召集在一起，要求我们参加暑期在成都召开的全国人工智能领域的一个研讨会，并让我们每个人写一篇论文、做一个报告，同时将浙江大学人工智能研究所的相关工作做成一个论文专辑，内容包含智能 CAD、推理机、专家系统、知识库等方面。我负责的工作是数据库与知识库的集成技术研究。接下来的 3 个月时间，在论文选题、文字表述、幻灯片制作等各个环节，何先生多次召集研讨，逐个亲自辅导。8 月中旬，到了成都会场，国内同行对浙江大学人工智能研究所的整体工作印象深刻。而在会议期间，何先生逐个介绍我们与国内学术界的许多学者认识。通过这次学术活动，我也踏上了学术研究之路。

1992 年参与国家自然科学基金项目申请书编写工作
——研究思路的开拓：扎实和创新

1992 年 10 月的一天，何先生将我叫到办公室布置了一个任务，让我协助编写国家自然科学基金的项目申请书，并给了我一组期刊与会议的清单以及三个关键词：大容量、知识库、组织存储。在随后的日子里，我经常拜访何先生位于求是村的家，向何先生请教关于国内外文献的收集整理、研究现状的分析、科学问题的凝练、目标的聚集、内容的展开、方案的设计、浙江大学工作基础的总结等等；一次次的讨论，一次次的修改，从抽象到具体，从宽泛到聚焦。历时四个月，1993 年春节后，终于提交了自己满意、何先生也认可的申请书，并于当年得到了国家自然科学基金委项目的资助。同时，我博士论文的开题报告《大容量知识库系统研究》，也基本成形了。这次申请工作，启蒙了我研究范式的形成。

回忆过往点滴，倍感温暖与怀念。何志均先生的宝贵思想将会得到永存，指导并激励我严谨踏实地工作，我也将继续传承给我的学生，让"求是创新"的光芒永远闪烁！

深切缅怀何志均老师

（周波）

时间过得飞快，转眼间何志均老师已经离开我们两年多了。在这两年里，何老师的音容笑貌总是不时出现在脑海里，并没有因为时间的流逝而模糊，有时反而更加清晰。我是何老师晚年的弟子之一，有幸从本科毕业设计开始就师从何老师，直至在浙江大学获得计算机应用博士学位，并留校工作。细想起来，正是由于何老师的不倦教诲、极富前瞻性的真知灼见、广阔的胸怀，以及以他为首建立的和谐、进取、创新的计算机学院文化，让我到了这里，就再也没有离开过。何老师不仅仅是我的学业导师，更是我的人生导师。

何老师是当之无愧的真正的教育家，这不仅仅是因为他在浙江大学开创建立了两个系，桃李满天下，更是因为何老师对年轻人毫无保留的培养和关怀。早在1990年，那时我还只是一名大学三四年级的本科生，何老师就让我参加了天马专家系统的研究项目，并且让我独立承担一个子项目的研发工作，虽然那不算是核心子系统，但也是需要承载科研项目中的一项重要任务。我既感到骄傲，又深感压力。在之后的一年多时间里，在何老师和庄越挺老师的指导下，顺利完成了任务。更没有想到的是，后来该项目报奖时，何老师竟然毫不犹豫地将我列为浙江大学参与人员的第三位。不管是后来在20世纪90年代中工程数据库项目的实施，还是在2004年选择我担任恒天软件（浙大网新和美国道富的合资公司）总经理的职位，都深深体现了何老师对年轻人毫无保留的信任和期待。

在我的印象中，何老师总是不紧不慢。由于年事已高，何老师行动上总是比较缓慢，但却是一个深邃的思考者和坚定的行动者。在我的记忆中，在任何时候、任何情况下，何老师都不会动摇其坚定的理念，似乎没有什么事情可以击败他孜孜不倦的求真探索精神。我没有亲身经历何老师建立浙江大学计算机学科的开创性工作，不过从 20 世纪 90 年代中后期起，关于我国计算机学科和产业发展应该走向国际化的事情上，和何老师交流较多。20 世纪 90 年代中后期，国内科研成果大多只能在研究机构和高等院校内"打圈"，而计算机学科本质上是产业界推动的，那时国内经济发展对计算机技术的需求尚停留在较低的水平，因此何老师坚定地认为，我们在做好国内工作的同时，应该更加积极地走向国际化。在至少 5 年多的时间里，何老师给国外的亲朋好友、学生写了很多信，寻求国际化合作的机会。我 1998 年在香港大学做博士后，也同样收到过何老师的信。直至 2000 年下半年，在波士顿的浙大老校友郭以连女士介绍了美国道富银行的柯杰瑞（Jerry A Cristoforo）先生，从 2001 年开始开创了浙江大学迄今为止最大的海外合作项目。

何老师是一个纯粹的人，简单、进取、淡泊名利。何老师的各种理念和观点，都是公开、清晰、易理解的，这一方面是因为何老师的真知灼见，更是因为何老师总是无私地对待他人。在他的心目中，搭建一个让年轻人充分施展才华的舞台比任何事情都重要，所以他总是将自己的观点充分表达出来，希望有助于年轻人的成长。他从不将自己的观点"强加"给别人，而是充分尊重和理解每一个人的不同观点和做法。

何老师有很强的学习精神。在八十多岁高龄时，他依然孜孜不倦学习学术界和产业界的最新发展趋势，也不吝表达自己的观点。何老师从来不担心自己的观点会不对，或者落后于时代，在他的心目中，观点就是观点。何老师也不仅仅思考"高大上"的战略、学术方面的问题。计算机科学与技术的每一个新进展，都能够吸引何老师的学习兴趣。在智能手机开始快速占领市场的时候，有段时间，何老师就以极大的兴趣去"研究"国产 Android（安卓）手机，经过一番对比分析，最终选择了华为 Mate 2 作为自己的第一个智能手机，之后就把这个手机作为研究对象，自己安装了热门的各种 App（应用）。

何老师的理念深深影响了我们课题组的一帮人。到了 2010 年，经过 8 年多的努力，道富技术中心发展到一个比较稳定的状况，在产业化方面取得了不错的成绩，但在学科发展方面却没有达到何老师的期望。我们经过多次讨论，认为计算机学科的真正问题依然来自于产业界，因此我们决定选择一条风险比较高的科研之路：在继续做好产业化工作的同时，深入挖掘在实际应用领域中的问题，即去发现原创研究问题，而不是去做跟踪研究。另一个方面也同样遵循何老师的理念：在课题组的总体规划之下，给更年轻的博士后们选择研究课题的自由。这种选择在当时还是有一些风险的，不过何老师多年的教导，给了我们勇气和决心：只要所做的事情是有意义的，不成功又如何。我们也将课题组的名称定为"超大规模信息系统实验室"，以确定实验室的总体规划。值得欣慰的是，经过几年的努力，课题组的年轻教师、博士后和学生们走出了两条创新发展之路：一条是将来自于产业实际需要的关键技术问题作为探索方向，在系统研发方面取得了开创性的成果，并进一步利用风险创投资金，走出了以技术能力为核心，深入结合业务场景的创新创业发展之路。另一条是在软件工程研究方向，将研究的对象直接对准真实的软件开发场景。由于我们产业化所具备的软件团队规模，可以收集大量真实的原始数据，也可以提出源自产业需要的研究性问题，我们在软件工程方面的研究获得了国内外学术界的高度认可。

我依旧极为清晰地记得最后一次和何老师的互动。那是何老师过世前两天，我去医院看望何老师，何老师的状况已经很差，眼睛不太睁得开，说话很困难，模糊不清，结合何老师的口型和表情，我最终听懂了何老师说的两句话：一是"跑步机"；二是"基金会越做越大"。每每想到这一幕，心中总是感动万分。何老师在弥留之际，心中只有他人。我能够深深体会这两句话所代表的深情：在何老师最后的几年里，我们和何老师的交流时，除了事业发展、基金会等事情，何老师有时会提起让我们要注意身体健康，学习、工作、生活再忙，也应该保持足够的体育锻炼。何老师也曾经建议我们去买跑步机，这样就可以解决锻炼时间不好安排的问题。云惠基金会是何老师晚年的主要心愿之一，我亲历了云惠基金会成立的全过程。从何老师提起到基金会的成立运营，都体现了何老师无私的高尚情操，也是何老师一生硕果累累却淡泊名利的最佳展现。何老师成立基金会的初衷极为简单：尽其所能帮助需要帮助的人。所谓的名利不是何老师所考虑的事情。其间有两件事情给我留下了深刻的印象：何老师和薛老师从一开始就打算捐助一千万元成立慈善基金会，但整个筹备组都没有运营慈善基金的经验。大家觉得规模小一点有利于基金会运营团队的学习和提高，所以何老师和薛老师就同意将基金会分为两期资助。另一件事情是关于基金会的名称。这是何老师、薛老师唯一坚持，甚至"武断"的地方。基金会筹备组曾经取了一些其他的名字，所有和何老师、薛老师名字有哪怕一点点关联的名字都被否决了。最终他们勉强同意在基金会运营阶段，允许我们宣传何老师、薛老师作为发起人的事实。而我们说服他们的唯一理由是：这样做有利于基金会的运作。我相信何老师在最后时刻提到的"基金会越做越大"的含义是：希望能够帮助更多的人；能够有更多的人参与，进而可以"忘记"他。

我有很多帮助过我的老师和长辈。何老师是最让我尊敬的老师，他永远是我们学习、追赶的丰碑。我相信何老师在天之灵，会祝福我们，祝愿我们的研究、技术乃至产业水平走在世界前列，年轻人有充分发挥聪明才智的平台，让有能力的人帮助需要帮助的人，让这个社会更加和谐。这将永远激励、引导我们继续前行。

追忆我的导师何志均先生

（王新宇）

1998 年，我考入浙江大学计算机科学与技术系，班主任是系里的青年教授杨小虎老师，何志均先生当时已经退休，被计算机系返聘。2001 年，78 岁的何志均先生带领杨小虎、周波、孙建伶三名青年教师创建了浙江大学道富技术中心。从那年暑假开始我在实验室做本科毕业设计工作。同年 9 月，我收到了浙江大学计算机学院保研面试通知书，顺利通过了学院面试，最终选择在道富实验室攻读硕博一贯研究生。在杨小虎老师的推荐和安排下，我有幸在何志均先生门下读博士。到了第二年，学院考虑到何先生已经年近 80 岁，不建议何先生再招学生了。就这样我成了何先生招收的最后一个博士生，很荣幸成了他的关门弟子。

作为何先生的学生，起初我是非常忐忑的。因为在中国计算机领域，何先生是泰斗级的开拓者，无人不晓，他所培养的计算机高端科研人才和产业人才有几百人之多，我未承想过自己也会成为他的一名学生。然而，随着与何先生在学习和工作上的接触，心中的忐忑烟消云散，取而代之的是我对何先生平易近人、严谨治学、坚韧探索的由衷佩服。道富实验室创建之时，何先生已经年近 80。同样的年龄，多数人可能正在"不问俗事"，安享晚年。而何先生却依然把全部的精力和满腔的热忱投入实验室的建设和发展当中，从项目的研发内容到学生培养每一个环节都是何先生心中的牵挂。他经常安排我总结汇报项目进展情况，由于当时他的听力已经不大好了，看文字更加方便一些，所以每一次汇报都让我写成材料交给他，每一次必有反馈。他经常过问我们参加的国际会议和论文发表的成果，甚至会问到成果在实际项目中发挥了哪些作用。令我印象最深刻的，应该是在2007年年初，我把博士论文初稿交给先生审阅。当时他已经84岁高龄，行动颇有不便，我不敢奢望何先生能够亲手修改，只期待有宏观的评价和指导。然而令我怎么也想不到的是，何先生居然用了1个多月的时间，逐字逐句地为我修改了两个章节，然后把我叫到家里，当面指导后面的章节要怎么修改，并且一再叮嘱要认真修改。离开何先生家之前，他又对我说，希望邀请到中科院数学所的陆汝钤院士和国防科大的胡守仁老师来评审这篇论文，论文一定要严谨，并一一列出评审专家和答辩专家让我去联系。这应该是何先生亲笔修改的最后一篇博士论文，一字一句，令人难忘。

毕业后我选择留校任教，也成了道富实验室的一名教师。年过85岁的何先生仍然非常关心实验室的发展，经常让我整理新的项目状态和新的技术研究进展。这些资料他都会以电子邮件形式发给世界各地仍然在联系的师生，虽然那时他的行动越来越不便，编辑一封邮件需要1～2个小时，但还是坚持亲自编写。道富实验室发展了十余年，在应用研发与实践方面取得突出的成绩。此时，何先生又一次高瞻远瞩地提出，我们团队也应该注重从实践中梳理和提炼理论成果，这样产生的理论会更扎实、更有影响力。在这个观点的指引下，如今实验室不仅在应用实践方面走在了前列，在软件工程理论研究上也取得了一系列丰硕成果。过去几年里，我在实验室的支持下，陆续有多项成果在软件工程领域顶级期刊和会议上发表，这些成果离不开何先生的教育和培养。实验室发展的每一步，何先生都始终在默默关注与支持，不断激励我们探索前行。

何先生生前最后几个月是在医院里度过的。相当长一段时间，他几乎听不见了，但是头脑还很清晰，他自己想说的话还是能说得出来。学院和实验室的各位老师

● 2013 年 11 月 18 日，陆汝钤院士（右三）看望何先生夫妇（右一为王新宇）

经常轮流去看他，何先生可能自己也感觉到这次不一定能再出院了，于是要求与看他的弟子和老师纷纷合影留念，以前从来没这么要求过。最后一次看望何先生，他几乎睁不开眼了，他在病床上问我的最后一个问题："新宇啊，你什么时候评职称啊？"我凑到他耳边大声回答他，但是他几乎听不清了。德高望重的泰斗何志均先生，人生的最后一刻还在惦记着我们。而想到他即将离开我们了，心里顿时莫名的难受，眼泪唰的一下流出来，怕何先生夫人薛老师看见，赶紧出去上个洗手间。

何志均先生仙逝已两年有余。两年来，他的学生们都在以不同的形式纪念他缅怀他。何先生的言传身教深深地影响着我，先生的谆谆教诲也时刻在耳边回响。他注重学生专业能力的培养，也注重学生的修身与做人，这些一直是我努力的目标和方向。我时常在想，传承何志均先生的精神、作风和品质，为国家培养出更多人才，为社会创造更大价值，就是对恩师最好的报答吧！

永远怀念我的导师何志均先生！

缅怀何志均先生

（邓水光）

　　何志均先生是我国著名的计算机科学家、教育家，是中国人工智能研究的开拓者，更是浙江大学计算机系的创始人。1998 年 9 月，我考取浙江大学并进入计算机专业学习，白驹过隙，一晃二十载。犹记求学期间，曾有幸当面聆听何先生的教诲。每每想起何先生为学校、为学科、为学生所做出的巨大贡献，心里就会萌生一股感动和钦佩。今年是何先生创建的浙江大学计算机系（学院）成立 40 周年，作为计算机研究领域的后辈，作为计算机学院的专业教师，也是作为第一届何志均奖学金的获得者，有几点感悟想和大家分享和共勉。

　　一是我们要继续深入地学习何先生的家国情怀、理想信念精神。何先生于 20 世纪 40 年代求学于浙江大学，参加过文军长征，见证过西迁路上的种种困苦，也正是在艰苦卓绝的环境下许下了报国之志，此后用一生都来践行着年轻时的诺言。成长在和平时代的我们，又是何其幸运。在 120 周年校庆的纪念大会上，老校长们与 20 世纪参加西迁的耄耋之年的老校友一起走入会场，那是浙江大学求是精神的传承，而何先生就是其中的一面旗帜。

　　二是我们要继续坚定地传承何先生的专业钻研精神和严谨的科学态度。作为计算机领域的大家，何先生为我国的人工智能、计算机图形学、计算机辅助设计诸多学科的创立和发展做出了开拓性的贡献。计算机学科日新月异，不断催生的新理论和新技术，给我们的生活、我们的社会带来巨大变革。当前，人工智能是最炙手可热的学术方向，而何先生早在创建我们计算机学科之时，就将人工智能设立为重要的学科方向，他的高瞻远瞩和开阔视野，令人由衷钦佩。

三是我们要继续像何先生那样，踏踏实实、勤勤恳恳地担当好传道、授业、解惑之责。何先生从教逾 60 年，培养了数以千计的电子学和计算机高级人才，桃李满天下；同时何先生为了培养和奖励优秀学子，还在学院设立了何志均奖学金。我有幸获得了首届奖学金，并且得到了何先生亲自颁发的证书。何先生当时和蔼的笑容、谆谆的教诲，至今记忆犹新。

得益于何先生的教诲，得益于学院的培养，在浙江大学求学、工作了近 20 年，我也一直以高标准来严格要求自己，在学术科研、教学工作上努力追求进步。但我深知，相比老一辈的师长，相比何先生这样的奉献精神，我们在很多方面还有待于提升。而通过对何先生的缅怀和追思，我们更能深刻地感受到何先生的立德树人的精神。

我相信一个人有了巨大的能量，这个能量会在他生前身后都充满于这个世界。何先生虽然已经离我们远去，但他的家国情怀、他的钻研精神、他的淡泊品质，仍深深影响着我们。我会永远记住何先生对我们的要求，加倍努力。

仁人云集　惠风和畅

—— 何志均老师创立浙江省云惠公益基金会记事

（浙江省云惠公益基金会理事会）

2014 年教师节杨小虎去看望何老师，在寒暄之后，何老师突然说，"我有一件事要和你说"。杨小虎愣了一下，不知道何老师要说什么。何老师接着说，他要拿出个人部分的积蓄，捐款成立一个公益基金，帮助在城市里的外来务工人员。他说这些人为城市、为我们的生活做出了巨大的奉献，但目前城市的很多福利覆盖不到他们身上。成立一个公益基金，能够帮助他们渡过一些生活中的难关，那对他们该多好。何老师希望杨小虎组织人去了解公益基金怎么办，并物色合适的人员来负责公益基金的运作。

何老师的这一番话语令杨小虎深深感动。何老师一直以来关爱他人，热心公益，几十年执教生涯中关爱学生，师恩如山。2003 年何老师 80 寿辰之际，发起成立何志均教育基金会，资助奖励浙江大学计算机学院学子。2009 年之后，何老师因病行动不便，一直聘请保姆照顾他的生活起居。他和这些外来务工人员交往多了以后，看到他们胼手胝足地在城市打拼，十分不易，特别是他们的子女教育、医疗健康难以享受到大城市居民的福利，他觉得应该有公益基金、慈善基金去帮助他们。

经过一段时间的了解，我们搞清楚了公益基金会的成立要求、运作方式。在何老师爱心的感召下，越来越多的人聚集到了一起，大家都不计名利，无私奉献。

正当我们紧锣密鼓地在筹备基金会事宜之际，2015年春节期间何老师被发现身患癌症，这让大家把注意力都集中到了何老师的身体上。不承想，何老师始终关注着基金会成立的事情，我们每一次去看望何老师，何老师都首先详细询问基金会筹备的事宜，对基金会的宗旨、运作方式、人员组织都提出明确指示，对基金会成立后要开展的首批公益项目，也认真听取汇报，提出详细要求。

在相关部门的协助下，特别是民政厅的负责同志听说基金会是由何老师和薛老师发起并且何老师已身患重病时，加快了基金会的审批程序。2015年7月9日，浙江省云惠公益基金会在浙江省民政厅民间组织管理局正式注册成为一家地方性非公募基金会，并于8月24日举行了成立仪式。浙江大学发展委员会副主席、原浙江大学党委副书记王玉芝，浙江大学党委宣传部副部长、新闻办主任单泠，浙江大学离退休工作处副处长李民，浙江大学计算机学院副书记彭列平，浙江省民政厅社会组织管理局副局长周龙，杭州市教育局党工委委员、杭州市教育资产营运管理中心主任张志龙，杭州市教育资产营运管理中心学生资助部部长王君波、副部长胡敏华，浙大网新集团董事长赵建，浙大网新科技股份有限公司董事长史烈，美国道富银行全球副总裁 Jerry Cristoforo，道富杭州董事总经理徐进，毕马威杭州企业社会责任中心张静波，网新恒天软件高层管理团队以及西湖软件创始人杨明魁等各界人士来到了现场。在成立仪式上，基金会第一个项目"云惠励志成长奖学金"宣布正式启动，获奖的18名学生和他们的老师来到发布会现场并领取资助金。在校办的联系下，多家媒体如新华社、中新社、浙江日报、浙江卫视、今日早报、青年时报、杭州日报、都市快报、浙江之声等前来采访报道。

何老师坐着轮椅与薛老师一起来到现场，在成立仪式上何老师发自肺腑的话语让我们深刻感受到他博大的爱心和伟大的情怀。我们把他的发言原原本本记录在这里。

各位亲朋：

大家好！

我代表薛艳庄和我，讲一些共同的想法。我俩年事已高，一辈子在大学工作，桃李芬芳，我们自认为是一对幸福的老人。

我们的前半生比较贫困，上有老，下有小，我们的后半生，遇上了改革开放的好时期，国家的社会经济不断发展，我们的收入也逐渐增长。我们没有负担，加上国家对科学教育的支持，我和我的弟子们支持了跨国大公司美国道富银行的现代化金融软件开发，出色完成了任务，弟子们还创建了超大规模软件工程新的学科点，建立了相当规模的软件公司。

我们过惯了老百姓平常的生活，我们两人的退休工资足以支付两人的日常开支。因此，我们打算把我们的积蓄留下一小部分留作急用之外，其余回报社会。

改革开放，国家富强，外来务工人员是一支重要的力量，他们做最苦最累最脏的活，拿着很低的待遇。解决这些贫困家庭的问题，要靠各级政府的努力，也需要各界社会人士的关心和关怀。

我们想尽力帮助贫苦大众，期待有更多的善人，投入更多的善款，能够把关注的人进一步扩大到外来务工人员的本人和医疗问题。我们的想法得到了女儿、女婿和亲朋好友们的支持。我们感到十分欣慰。

云惠公益基金会的成立，全靠理事长、各位理事、秘书长、办公室主任和各位工作人员的努力工作，我表示十分感谢。我也感谢浙江大学计算机学院和软件学院的领导、同事和今天到会的各界人士的关心、关注。

我们是发起人，"云惠"两个字没有和任何个人的名字有联系，没有纪念任何个人的意义。我们希望能吸引更多关注慈善事业的人士加入进来，做更多的贡献，让公益基金能不断壮大。希望云惠公益基金的一切善款能够用到真真实实的善事上，讲究社会效益。要公开、透明、向社会大众公布，取得大众的信任。祝云惠基金不断壮大，为社会做更多贡献。

谢谢大家！

云惠成长助学项目是继云惠励志成长奖学金之后的第二个助学项目，挑选在杭高中阶段（含职高、技校）品学兼优的在校贫困生作为帮助对象。除了物质上的资助之外还不定期地开展公益活动，开阔他们的眼界，增强他们对人生观的深入认识，尽可能减轻生活贫困给他们带来的不利影响，提供一定的资源以帮助他们在求学路上走得更为顺利，也期望他们未来成为一个对社会更有价值的人，能用同样的方式回报其他需要关怀的人们。目前此项目在杭州市资助管理中心的协助之下，已经资助了省内多所高级中学的贫困生，其中除杭州市区外，还涉及建德、桐庐、淳安等地，已资助近100名困难的学生，资助额达60万元左右。

何志均老师在弥留之际特别想开展一个医疗救助的项目，提出："能不能救助那种比如10万元以内救治一个人的，或者小病不治疗，将来会成大病的？"根据这个建议，"云惠心妍儿童先心病救助"项目于2016年8月24日在省儿童医院正式启动。该项目针对外来务工人员的先天性心脏病患病子女开展，采取"胎儿筛查、宫内转运、先心手术、术后随访"或是"新生儿筛查、先心手术、术后随访"这样一条龙救助通道模式，让资助贯通从筛查确诊到最终康复的每一个环节。

"云惠92少年智客"项目是依托于云惠基金会首个专项基金"浙大计算机92专项基金"组织开展的针对外来务工家庭的项目。"浙大计算机92专项基金"是由浙江大学1992级计算机系全体同学发起，为了缅怀浙江大学计算机系创始人何志均老师而设的专项基金。因为何老师生前对于流动儿童的教育关注，"云惠92少年智客"项目也是受何老师的感召而策划的，目的是帮助流动儿童，让他们能和城市里的孩子一样有机会开阔视野，希望通过提供一系列生动有趣的科学课程来扩展孩子们的思维，锻炼孩子们的求知欲与实践能力。

2017 年，浙江大学建校 120 周年，计算机 1988 级毕业 25 周年，1988 级的同学在组织聚会准备会上讨论，决定做些有意义的事情。黄波向组委会同学介绍了云惠公益基金会。何老师是计算机系的创始人，读书时大家都早有耳闻，从人工智能研究所到何老师的桃李满天下。受到何老师的感召，大家一致决定在云惠公益基金下成立"88 专项基金"。经过基金会与"88 专项基金"委员会的多次讨论，最终设立的"88 青云计划"，面向浙大西迁路上贫困地区的初高中学生，展开夏令营扶助项目，并于当年从湄潭县县城两所高中（求是高级中学、湄江高级中学）选拔 20 名优秀的高中生，前往杭州进行为期一周的参访。通过浙大校史馆参观、走进国家重点实验室、特色课程体验、名企参观等活动，以寓教于乐的方式，开拓学生的视野，让其增长知识，提升自信，在未来的学习工作中都能受益。第一期项目后参与学校和学生的反馈很好，极大促进了 1988 级同学们的积极性，大家愿意将此项目坚持下去。

2017 年 7 月，新一届的理事会成立，基金会将公益的触角延伸到了省外，并和浙江大学研究生支教团、浙江大学招生办合作沿着浙江大学西迁之路开展助学活动，先后和贵州湄潭、江西泰安、江西吉安和浙江龙泉等地区的学校建立了合作关系。"云惠百鸟计划浙大志愿者助学活动"在湄潭地区试点，反响热烈，未来我们还将继续寻求与省内外其他地区的中学开展助学的项目，也希望能吸引更多仁人志士投身公益，以告慰何老师，把公益的旗帜传递下去。

云惠基金成立仪式上主持人介绍何志均老师时

云惠基金成立仪式大合影

云惠基金成立仪式上何志均老师接受媒体采访

一尊塑像表千言

（单珏慧）

"一要像，二要慈祥。"当我告别薛老师，从何先生家离开的一路上，都在琢磨着薛老师特别关照的这两句话。

2018年5月26日，距离塑像工作启动已近半年，学院特邀为何先生塑像的原中国美院雕塑系主任潘锡柔教授正在焦急地等待着我们反馈修改意见。这位已83岁高龄的老教授前几日失眠了，一直辅助他塑像的孙子小潘偷偷告诉我：爷爷给

● 何先生夫人薛老师与雕塑家
潘锡柔教授合影

很多名人塑过像，1:1 泥塑大样阶段提出"不像"的还是第一次。

天气日益炎热，放置在留下厂房里的泥塑大样无法久存，一旦泥土干燥就无法继续修改，只能从头来过。前几日失眠的除了作品未获肯定的潘教授、对塑像现状感到失望的何先生遗孀薛老师，还有我，受学院班子委派负责塑像工作却在何老师逝世前未曾有幸与其谋面的"新人"副书记。

何志均老师究竟是个怎样的人？从 2017 年 9 月正式调入计算机学院工作起，这个问题一直萦绕心头。

作为分管学院宣传工作的副书记，翻看学院宣传资料，发现出现最多的一个名字，就是"何志均"。计算机系创始人、学界泰斗，培养了三位院士两任校长，创办了浙江大学道富技术中心，捐赠设立了两个基金……在院里但凡提到"何老师"，无不肃然起敬。

何志均奖学金评审小组会上，评委们说：一定要把最优秀的学生评选出来。现在已经成为学术新星的某某教授、某某教授，可都是早期的何奖获得者。

2016 级何志均班开班仪式前一周，我特邀在开班仪式上为同学们介绍何先生生平的上上任院党委书记汪老师，突然敲开了我办公室的门，说："我怕讲得不够到位，先给你讲一遍。我记得那时何老师已经七十多岁，有一天，他带着自己手写的一封信到办公室找我……"

清明节当天，与同学们约好早晨 6:00 集合出发，习惯熬夜、晚起的计算机学子们睡眼惺忪地随我在陵园寻找何先生的安息之所。当我们伫立在墓碑前聆听何老师生平，依次为他献上白色雏菊，年轻的眼神变得澄澈。返程途中，我问了同学们一个问题：你们，想成为怎样的人？

2018 年 6 月 7 日，薛老师在自称"塑像顾问团"的自发团队陪同下，与塑像创作者达成共识，正式定稿。这一次，镜头记录下了薛老师与雕塑家握手表达感谢的珍贵瞬间。短短十天里，雕塑家潘教授和他孙子反复比对了我们提供的上百张照片，从跨越数十年的时间长河里逐渐凝练出众亲友心目中的"何老师"形象；这群与何先生相交几十年的"资深顾问"们则三次往返于玉泉和留下，在闷热的厂房里仔细琢磨比对，在退休教师群里、在学院各个办公室里逐一征集意见，在微信群里反复沟通商议——"何志均"这个名字，让这群曾为同一份事业奋斗的人又聚到了一起。

何先生的生平简介里，有一句话让我感触很深："从事教育事业六十年。"我想，这句话，我们一定要镌刻在何先生的塑像上。

● 与塑像创作者达成共识，正式定稿

第四部分

悼词·唁电·挽联

沉痛悼念何志均先生

同志们、朋友们：

今天我们怀着无比沉痛的心情，悼念敬爱的何志均先生。

何志均先生是我国著名的计算机科学家、教育家，中国人工智能领域开拓者，浙江大学计算机科学与技术学院创始人，因病医治无效，不幸于2016年6月2日上午6时55分在浙江大学医学院附属第一医院逝世，享年93岁。

何志均先生1923年5月13日出生于上海市，中国共产党党员。1945年毕业于浙江大学电机系，1946年起在浙江大学电机系任教；1960年创办浙江大学无线电工程系并任系主任；1978年创办浙江大学计算机科学与工程学系并任系主任；1983年创建浙江大学人工智能研究所并任所长。何志均先生曾任第三届国务院学位委员会计算机学科组成员（1993—1996），中国计算机学会理事（1978—1999），中国计算机学会人工智能模式识别专业委员会主任（1991—1998），浙江省计算机学会一至五届（1979—1996）理事长，1987 年获首届浙江大学教师最高奖——竺可桢优秀教师奖。

何志均先生是浙江大学计算机学科的奠基人和领导者，1978 年创办计算机系后，开拓了当时国内尚为空白的人工智能、计算机图形学两大研究领域，并指导开展了计算机辅助设计方向的研究。从 1981 年起，何先生带领研究团队在国内率先开展专家系统研究，实现了具有国际先进水平的第二代专家系统开发工具，指导撰写的两篇论文在国际人工智能界最权威的学术会议——国际人工智能联合会议（IJCAI）1987 年年会发表，实现了中国大陆在此会议上的论文零突破，标志着浙江大学的人工智能研究已经处于全国乃至世界的顶尖水平。此后成功研制一批实用的专家系统工具，多项研究成果应用于农业、矿业和轻纺工业等生产实际，经济效益和社会效益显著。1989 年在何先生领导下，获批在浙大建立当时国内唯一的国家级计算机辅助设计与计算机图形学重点实验室，使之成为国内这一研究领域的重要基地。何先生与中国科学院数学所合作研发的"天马专家系统开发环境"，获 1993 年国家科技进步二等奖。

何志均先生在浙江大学第一线从事教学耕耘逾 60 年，为中国培养了数以千计的计算机和电子学高级人才，其中有三位院士、两任浙江大学校长，桃李满天下。何先生大胆放手的教学作风和春风化雨的培养方式是各位成绩卓越的学生求学期间最大的收益。

何志均先生具有超强前瞻视野和开拓意识，年逾古稀仍积极开拓国际合作，2001 年创立浙江大学道富技术中心，开展全球化大规模金融软件研究与开发，产生重大影响，实现了科学研究服务于社会的宗旨。

何志均先生心怀慈善，热心公益。2003 年，在何先生支持下，设立了"浙江大学计算机学院与软件学院何志均教育基金"，用于奖助贫困优秀学生完成学业。2015 年，何先生偕夫人捐资 500 万元发起设立浙江省云惠公益基金，致力于扶助社会弱势群体的教育与医疗。

何志均先生的病牵动了所有领导同事、亲朋好友、师生的心，患病期间，潘云鹤院士、陈纯院士、吴朝晖校长、张宏建副校长等领导，原省政协副主席陈法文、吴仁源等老领导都前往医院看望。省里许多老领导都十分关心他的病情，多次来电慰问。何先生病重期间仍时刻挂念学院的发展，关心学科在国内外的地位和声誉。

何志均先生胸怀大志，海纳江河；教书育人，淡泊名利；服务社会，正心诚意。何先生孜孜不倦的精神，创新求实的思想，甘为人梯的品质，为学生树立了做人、做事、做学问的楷模，是当之无愧的人生典范。

何志均先生的逝世是浙江大学的巨大损失，我们永远怀念他！

何志均先生永垂不朽！

導師何志均教授千古

道德三秋明月

學識萬里長江

學生潘雲鶴敬挽

中 国 计 算 机 学 会
China Computer Federation

唁 电

何志均教授治丧委员会：

惊悉我国著名计算机科学家、教育家、中国计算机学会原理事何志均教授因病逝世，我学会对他的逝世表示深切哀悼，请向他的家属表示深切的慰问。

何志均教授是我国人工智能研究的先驱，毕生致力于计算机领域教学、科研，从教逾 60 年，先后创建了浙江大学无线电系和计算机系，培养了数以千计的电子学和计算机高级人才，为我国的人工智能、计算机图形学、计算机辅助设计诸学科的创立和发展做出了开拓性的贡献。

何志均教授在 1978—1999 年期间任我学会理事，在 1991—1998 年期间任我学会人工智能与模式识别专业委员会主任，为学会及专业委员会的发展做出了重要贡献。

中国计算机学会

2016 年 6 月 3 日

唁　电

何志均先生治丧委员会：

　　惊闻何志均先生骤然仙逝，万分悲痛。谨此对何先生的逝世表示
沉痛哀悼，向何先生的家属表示诚挚慰问。

　　何先生是我国著名的计算机科学家，教育家，是我国人工智能研
究的开拓者，也是浙江大学计算机科学与技术学院的创立者。他从教
逾 60 年，培养了数以千计的电子学和计算机高级人才，为我国的人
工智能、计算机图形学、计算机辅助设计诸学科的创立和发展做出了
开拓性的贡献。

　　何先生学识渊博，治学严谨，作风民主，诲人不倦，受到国内外
专家同行的广泛尊敬和爱戴。先生的逝世是我国计算机科学与教育事
业的重大损失！

　　何志均先生永垂不朽！

中国人民大学

信息学院

2016 年 6 月 2 日

唁　　电

浙江大学计算机学院：

　　惊悉我院杰出校友、我国著名计算机科学家、教育家、中国人工智能研究开拓者、浙江大学计算机科学与技术学院创始人何志均教授因病逝世，不胜哀痛。请贵院代为向何志均教授的家属转达我们最深切的问候。何志均教授在浙江大学从事教学科研逾 60 年，为浙江大学计算机、无线电等学科建设做出了卓越贡献，培养了数以千计的高级人才，桃李满天下；开拓并领导的浙江大学人工智能、计算机图形学两大研究方向，赢得了国际声誉。何志均教授 1945 年毕业于浙江大学电机系，1946 年起在浙江大学电机系任教，在浙江大学电机系工作期间，他谦虚好学、思维敏捷、尊师爱生、品格高尚；他敬岗爱业、淡泊名利、求真务实、堪称楷模。他长期耕耘在教学科研一线，为电机系的发展建设做出了不可磨灭的贡献。从 2007 年电气学院校友分会成立起，何志均教授一直担任分会理事会顾问，十分关心和支持电气学院的发展。他是我们的好学长、好老师！我们为失去这样一位好先生无限悲痛！沉痛悼念何志均教授！

　　让我们化悲痛为力量，以何志均教授的高尚品德与实践为楷模，继续为学校的发展开拓进取、不懈努力。

　　请何志均教授的亲属节哀。

　　何志均教授千古！

浙江大学电气工程学院

2016 年 6 月 3 日

唁　电

浙江大学计算机科学与技术学院：

　　惊悉何志均教授不幸病逝，我们深为哀痛！

　　何志均教授是我国著名计算机科学家、当代著名教育家、中国人工智能研究开拓者、浙江大学计算机科学与技术学院创始人，在国内外学界享有崇高的地位与学术影响。在60多年的教学科研生涯中，何志均教授以其高尚的师德、严谨的治学和开拓性成果赢得了广泛的声誉。

　　何志均教授诲人不倦、桃李满天下，培养了一大批品学兼美的优秀学者，为我国人工智能、计算机图形学研究和发展做出突出贡献。他的逝世，是我国教育界和学术界的重大损失。

　　伊人溘然长逝，临风追怀，不胜唏嘘。谨此深表沉痛悼念，并借此表达对何志均教授家人的慰问，请他们节哀保重。

浙江大学管理学院

二零一六年

浙江大学机械学院院长、中国工程院谭建荣院士发来唁电：

惊闻我国著名计算机专家，我国人工智能领域研究的开拓者何志均教授不幸逝世，我谨代表机械学院，并以我本人的名义，对何先生的离开，表示深切哀悼，向何先生的亲属及团队，表示亲切慰问！

回想我的成长历程，何先生也给我很大帮助和指导，我申请的第一个国家自然科学基金项目，就是何先生帮助推荐的。何先生崇高的品德，宽阔的胸怀，敏锐的学术视野，是留给我们宝贵的精神财富。让我们共同学习和继承何先生对科学孜孜不倦的追求，对教学、科研一丝不苟的精神，为推进我国计算机应用和人工智能学科的发展，为早日把浙江大学建设成为世界一流大学而努力奋斗！

何志均先生一路走好！

浙江大学机械学院　谭建荣

中国科学院陆汝钤院士发来唁电：

　　惊闻何志均教授病逝，我非常悲伤。何先生是我的前辈，对我有提携之恩，我十分敬仰何先生的学识和道德精神。他的去世是我国人工智能界的一大损失。献上两个花圈：一个是"人工智能前辈、开拓者何志均教授永垂不朽！中国科学院数学研究所计算机科学室敬挽"；另一个是"前辈辉煌永留，导师风范长存：恭送何志均先生——晚辈中国科学院院士陆汝钤敬挽"。

汝钤

浙江大学化工系 1945 届郑国荣发来唁电：

　　沉痛悼念浙江大学电机系 1945 届何志均级友逝世！

　　我与何志均兄在浙大 1945 届中同级不同系。何兄品学兼优，德高望重，是我级最杰出的人才之一。一生为浙江大学及祖国的计算机科学献身效力，贡献非凡。今不幸遽尔逝世，实为浙江大学及祖国重大的损失。本人高龄九四，因身处海外，不克亲临吊唁，特驰电慰问，并请何兄家属节哀顺变！

浙大化工系 1945 届　郑国荣（James K Cheng）

执教之江，为国为民为学

桃李天下，立德立言立行

（微软亚洲研究院敬挽）

前辈辉煌永留，导师风范长存

（中国科学院院士陆汝钤敬挽）

一代宗师学界泰斗，人生楷模遗爱千秋

（董金祥携全家、朱桂林携全家敬挽）

桃李满天下，师德溢南北

（浙江大学计算机系本科1984级 庄荣灏敬挽）

电工电子电脑，深究人工智能

育智育德育人，坚持求是精神

（学生沈致远敬挽）

师德高尚，育人全才

（浙江大学无线电1964届毕业生敬挽）

望重音容在，德高泽后来

（浙江大学计算机9910、9911全体同学敬挽）

南乡子

——犹记教诲一世情

细雨泣无声，声声追忆师生情，求是巨擘谁不识，伤怀。

更盼恩师心愿成。

别语记分明，人工智能策杖行。云惠善念助人梦，感恩。

犹记教诲一世情。

（学生吴刚敬挽）

第五部分

附　录

何 志 均 老 师 生 平 年 表

◎ 1923 年 5 月 13 日　　　　　　**出生在上海市**

◎ 1945 年 7 月　　　　　　　　　**毕业于浙江大学电机系**

◎ 1945 年 8 月—1945 年 12 月　　**任昆明中央无线电厂甲级实习员**

◎ 1946 年 1 月—1952 年 8 月　　 **任浙江大学助教**

◎ 1952 年 9 月—1978 年 9 月　　 **任浙江大学讲师**

◎ 1952 年 9 月—1955 年 9 月　　 **任浙江大学电机系教学秘书（兼）**

◎ 1955 年 10 月—1960 年 8 月　　**任浙江大学科学研究科科长（兼）**

◎ 1960 年 9 月—1967 年 5 月　　 **创建浙江大学无线电系，并首任系主任，同时兼任无线电专业教研室主任**

◎ 1973 年 6 月—1978 年 8 月　　 **任浙江大学物理无线电系计算机专业教研室主任**

◎ 1978 年 1 月—1978 年 8 月　　 **继续担任浙江大学无线电系系主任**

◎ 1978 年 9 月—1981 年 2 月　　 **任浙江大学副教授**

◎ 1978 年 9 月—1984 年 5 月　　 **创建浙江大学计算机系，并首任系主任**

◎ 1981 年 3 月—2016 年 6 月 2 日　**任浙江大学教授**

◎ 1982 年 7 月—1987 年 9 月　　 **任浙江大学人工智能研究室主任**

◎ 1987 年 9 月—1990 年 6 月　　 **任浙江大学人工智能研究所所长**

◎ 1986 年　　　　　　　　　　　**国务院学位委员会批准为博士生导师**

◎ 1993 年 10 月—2016 年 6 月 2 日 **退休返聘**

◎ 2001 年 12 月—2016 年 6 月 2 日 **任浙江大学道富技术中心理事**

◎ 2016 年 6 月 2 日　　　　　　　**因病医治无效逝世于浙江大学医学院附属第一医院**

何志均发表的主要论文列表

序号	著者	题（篇）名	刊名	卷号（期号）	页次	出版年份
1	Bin Xu; Xiaohu Yang; Zhijun He 等	Enhancing coordination in global cooperative software design	Proceedings of the Ninth International Conference on Computer Supported Cooperative Work in Design	1	22–26	2005
2	Bo Zhou; Zhijun He; Jingfan Tang	An adaptive model of virtual enterprise based on dynamic web service composition	The Fifth International Conference on Computer and Information Technology	1	284–289	2005
3	Bin Xu; Xiaohu Yang; Zhijun He 等	Global cooperative design in legacy system reengineering project	The 8th International Conference on Computer Supported Cooperative Work in Design	2	483–486	2004
4	Bin Xu; Xiaohu Yang; Zhijun He 等	Achieving high quality in outsourcing reengineering projects throughout extreme programming	IEEE International Conference on Systems, Man and Cybernetics	3	2131–2136	2004
5	Xiaohu Yang; Bin Xu; Zhijun He 等	Extreme programming in global software development	Canadian Conference on Electrical and Computer Engineering	4	1845–1848	2004

续 表

序号	著者	题（篇）名	刊名	卷号（期号）	页次	出版年份
6	Bin Xu; Xiaohu Yang; Zhijun He 等	Extreme programming in reducing the rework of requirement change	Canadian Conference on Electrical and Computer Engineering	3	1567–1570	2004
7	Jianling Sun; Jinxiang Dong; Zhijun He	Transparent access to persistent objects in object - oriented databases	Proceedings of Technology of Object - Oriented Languages	1	38–42	1997
8	Jing Ying; Zhijun He	Some comments on software methodology versus CASE	ACM SIGSOFT Software Engineering Notes	21(5)	58–59	1996
9	Jing Ying; Zhijun He; Zhaohui Wu 等	A methodology for high - level software specification construction	ACM SIGSOFT Software Engineering Notes	20(2)	48–54	1995
10	Dongming Lu; Zhijun He	ZKBE: a knowledge base environment for mechanical design	IEEE Region 10 Conference on Computer, Communication, Control and Power Engineering	2	734–737	1993

续 表

序号	著者	题（篇）名	刊名	卷号（期号）	页次	出版年份
11	Jing Ying; Bo Huang; Zhijun He	A hypertext－base software document system	IEEE Region 10 Conference on Computer, Communication, Control and Power Engineering	1	74–77	1993
12	Jianlin Sun; Zhijun He; Jinxiang Dong	Transaction management in multi－user CAD environment	IEEE Region 10 Conference on Computer, Communication, Control and Power Engineering	1	589–591	1993
13	Lizhuang Ma; Zhijun He; Jinxiang Dong	Advanced curve and surface design in CAD system using STEP	IEEE Region 10 Conference on Computer, Communication, Control and Power Engineering	1	581–584	1993
14	Yucheng Shou; Jingxiang Dong; Zhijun He	Integrate CAD to CAPP/CAM with object－oriented engineering database using STEP	IEEE Region 10 Conference on Computer, Communication, Control and Power Engineering	1	592–595	1993
15	Bo Zhou; Zhijun He	The function of a design problem solver	IEEE Region 10 Conference on Computer, Communication, Control and Power Engineering	2	613–616	1993

续 表

序号	著者	题（篇）名	刊名	卷号（期号）	页次	出版年份
16	Jing Ying; Zhijun He	Integrating AI techniques into CASE environment	IEEE Region 10 Conference on Computer, Communication, Control and Power Engineering	1	403–406	1993
17	Xiaohu Yang; Jinxiang Dong; Zhijun He	The role and application of STEP in CAD/CAPP/CAM integration	IEEE Region 10 Conference on Computer, Communication, Control and Power Engineering	2	746–749	1993
18	Jijian Shi; Ruizhao Yu; Zhijun He	A tool for building decision–support–oriented expert systems	Proceedings of the 2nd International IEEE Conference on Tools for Artificial Intelligence	1	537–543	1990
19	Qingming He; Zhijun He; Ruizhao Yu	Learning descriptors through generalization and discovery	Proceedings of the 1988 IEEE International Conference on Systems, Man, and Cybernetics	1	534–537	1988
20	Tao Yang; Zhaohui Wu; Zhijun He	Zip/E: A C–oriented KBES tool for depp coupling symbolic and numerical computation	Proc. IMACS Conf. on Expert Systems for Numerical Computing			1988

续　表

序号	著者	题（篇）名	刊名	卷号（期号）	页次	出版年份
21	童学军，何志均	使用元知识检查知识相容性和加速规则动态查找	计算机学报	4	212–219	1988
22	Ning Zhang; Jinxiang Dong; Zhijun He	Continuous tone display for geometric modelling	The Proc. of the Second Int'l Conf. on Computers and Applications, IEEE	1	352–358	1987
23	Feng Lin; Zhijun He; Yunhe Pan	An expert system for the creation of 3D – like art patterns	The Proc. of the Second Int'l Conf. on Computers and Applications, IEEE	1	764–769	1987
24	Tao Yang; Zhijun He; Ruizhao Yu	Performance evaluation of the inference structure in expert system	Proc. Int'l Conf. on AI (IJCAI)	1	945–950	1987
25	Xuejun Tong; Zhijun He; Ruizhao Yu	A tool for building second generation expert systems	Proc. Int'l Conf. on AI (IJCAI)	1	91–96	1987
26	Yunhe Pan; Zhijun He	A system to create computer aided patterns	Knowledge Engineering and Computer Modelling in CAD	1	367–377	1986